मेरी फ़ितरत है मस्ताना...

मेरी फ़ितरत है मस्ताना...

मनोज 'मुंतशिर'

वाणी प्रकाशन

वाणी प्रकाशन

4695, 21-ए, दरियागंज, नयी दिल्ली 110 002

फ़ोन : +91 11 23273167 फ़ैक्स : +91 11 23275710

शाखाएँ

अशोक राजपथ, पटना 800 004, बिहार

कॉफ़ी हाउस कैम्पस, महात्मा गांधी मार्ग, इलाहाबाद 211 001, उत्तर प्रदेश

महात्मा गांधी अन्तरराष्ट्रीय हिन्दी विश्वविद्यालय, वर्धा 442 001, महाराष्ट्र

www.vaniprakashan.com
marketing@vaniprakashan.in
sales@vaniprakashan.in

Meri Fitrat Hai Mastana...
by Manoj 'Muntashir'

ISBN : 978-93-88434-25-6
Ghazal

पेपरबैक पहला संस्करण : जनवरी 2019
पेपरबैक दूसरा संस्करण : अप्रैल 2019
पेपरबैक तीसरा संस्करण : जनवरी 2020
पेपरबैक चौथा संस्करण : जनवरी 2021
पेपरबैक पाँचवाँ संस्करण : मार्च 2021
पेपरबैक छठा संस्करण : अक्टूबर 2021
पेपरबैक सातवाँ संस्करण : जुलाई 2022

मूल्य : ₹ 199

आर.के. ऑफ़सेट, शाहदरा, दिल्ली-110 032 में मुद्रित

वाणी प्रकाशन का लोगो मक़बूल फ़िदा हुसेन की कूची से

क़दम क़दम पे हारा हूँ मैं
मेरी अकेली जीत हो तुम
मैंने लिखा जो अपने लिए
वो सबसे प्यारा गीत हो तुम

...आरु के लिए

ये किताब क्यूँ?

क्या फ़िल्मी गानों में अदबी चीज़ें नहीं लिख सका इसलिए?
या वहाँ दिमाग़ से लिखा तो कहीं दिल से लिखना भी ज़रूरी था, इसलिए?
या फिर, फ़िल्मों ने शोहरत तो दी, लेकिन इज़्ज़त भी कमाना है, शायर भी कहलाना है, इसलिए?

पहली वजह ग़लत है।
मैंने ऐसा कोई गीत नहीं लिखा जिसमें लिटरेचर का रंग ना हो।
दूसरी वजह और ज़्यादा ग़लत है, क्यूँकि मैंने जो भी लिखा, दिल से लिखा।
और तीसरी वजह निहायत ग़लत है, क्योंकि फ़िल्मी गीत लिखना मेरी नज़र में बेहद इज़्ज़त का काम है।

फ़र्क सिर्फ़ इतना है कि वहाँ मैं controlled था, यहाँ uncontrolled हूँ।
वहाँ director और composer ने ये तय किया, कि मेरे आँसुओं में नमक कितना होगा, पानी कितना।
मेरे शब्दों में समझदारी कितनी होगी, पागलपन कितना।
मेरी ख़ुशी में शोर कितना होगा, उदासी में सन्नाटा कितना।
मेरी चीख़ में दर्द कितना होगा, दर्द में गहराई कितनी, ये सब किसी और ने तय किया।

लेकिन इस किताब में जो भी है, अच्छा, बुरा, मामूली, ग़ैर–मामूली, सब मैंने तय किया है।

ये किताब क्यूँ?
क्यूँकि प्यार में सिर्फ़ दो तरह के हादसे होते हैं।
एक, जिसे हम चाहें, वो हमें न मिले, और दूसरा, जिसे हम चाहें वो हमें मिल जाये
मुझपे दोनों हादसे गुज़रे हैं।

मनोज 'मुंतशिर'
2018

शुकराना

मैं अब तक ये तय नहीं कर पाया, कि मैं कामयाब हूँ या नाकाम, लेकिन जो कुछ भी हूँ, उसमें कुछ लोगों का हाथ ज़रूर है।

श्री शिव प्रताप शुक्ला, मेरे पिताजी, जिन्होंने रातों–रात मेरा 'शुक्ला' से 'मुंतशिर' हो जाना चुपचाप बर्दाश्त कर लिया।

श्रीमती प्रेमा शुक्ला, मेरी माँ, जिन्होंने 500 रुपये के मासिक–वेतन में 300 रुपये मेरी कॉन्वेंट की पढ़ाई पर ख़र्च किये, और 200 में घर चलाया।

नीलम 'मुंतशिर', जो उस वक़्त मेरी फ़ैन बनी रहीं, जब मुझे ठीक से क़लम पकड़ने की भी तमीज़ नहीं थी।

श्री भूषण कुमार, जिन्होंने मुझे 'One Song Wonder' होने से बचा लिया।

श्री नीरज पाण्डे, जो बग़ैर जताए, मुझपे हर दूसरे दिन कोई अहसान कर देते हैं।

मेरे सुनने और पढ़ने वाले, जो मुझसे बेवजह प्यार करते हैं।

और वो बेहद ख़ूबसूरत तर्जुबा, जिसने मुझे मिट्टी से इनसान कर दिया, इश्क़।

इनमें से एक के भी न होने का मतलब था, मेरा न होना।

शुक्रिया।

अनुक्रम

मेडिकल साइंस और इश्क़, दिल के बारे में दोनों की राय बड़ी अलग है।
साइंस कहता है, 'दिल में हड्डी नहीं होती'।
इश्क़ कहता है, 'अगर ऐसा है तो दिल टूटता कैसे है?'

साइंस कहता है, 'दिल का साइज़ लगभग 12 सेण्टीमीटर होता है'।
इश्क़ कहता है, 'सिर्फ़ 12 सेण्टीमीटर में दुनिया भर का दर्द कैसे फ़िट हो जाता है?'

आप साइंस की मानें या इश्क़ की, आपकी मर्ज़ी, लेकिन मेरी एक बात ज़रूर मान लें।
एक क़लम हमेशा अपने पास रखें।
जब कोई आपसे कहे कि वो आपसे प्यार करता है। आपको छोड़ के कहीं नहीं जायेगा, तो ये बात किसी कागज़ पर लिख के, नीचे उसके साइन ले लें।
कहीं ऐसा न हो, कि वादों का महल ढह जाये, और दिल के हिस्से में सिर्फ़ तड़पना रह जाये।

मैं तुमसे प्यार करता हूँ

वो मेरा चाँद सौ टुकड़ों में टूटा
जिसे मैं देखता था आँख भर के
जहाँ पर लाल हो जाते हैं आँसू
मैं लौटा हूँ उसी हद से गुज़र के

मुझे मालूम है शामें तुम्हारी
किसी के नाम लिखी जा चुकी हैं
मगर मैं क्या करूँ कि मेरी घड़ियाँ
तुम्हारे वक़्त पे अब तक रुकी हैं

मेरी हो तुम ये कोई न कहेगा
मगर ये सच तो फिर भी सच रहेगा
मैं तुमसे प्यार करता था
मैं तुमसे प्यार करता हूँ...!!!

ये कैसा राबता है मेरा तुमसे
तुम्हें खोने से डरता था
तुम्हें खोने से डरता हूँ
मैं तुमसे प्यार करता था
मैं तुमसे प्यार करता हूँ...!!!

ज़ह्र बरसा है क्या नींदों पे मेरी
या मेरी आँखों में नश्तर गड़े हैं
वजह क्या है कोई समझाये मुझको
ये मेरे ख़्वाब क्यूँ नीले पड़े हैं

तसल्ली अपनी अपने पास रखो
मुझे ये दर्द की रातें हैं प्यारी
ये मेरा इश्क़ है मेरा रहेगा
ज़रूरत ही नहीं मुझको तुम्हारी

ख़लिश अब तक मेरे दिल में दबी है
मुझे जो कल थी वो ज़िद आज भी है
मैं तुमसे प्यार करता था
मैं तुमसे प्यार करता हूँ...!!!

तुम्हारी ख़ैरियत के वास्ते मैं
दुआएँ कल भी पढ़ता था,
दुआएँ अब भी पढ़ता हूँ
मैं तुमसे प्यार करता था
मैं तुमसे प्यार करता हूँ...!!!

भटकती रह गयी इक रात मेरी
तुम्हारे बाज़ुओं में सो न पायी
बहुत कुछ होता है दुनिया में लेकिन
यही इक चीज़ थी जो हो न पायी

हवा में घर बनाया था कभी जो
उसी के सामने बेबस पड़ा हूँ

तुम्हारे बिन दरीचा कौन खोले
कई जन्मों से मैं बाहर खड़ा हूँ

ये दिल जो पन्ना–पन्ना फट चुका है
कभी पढ़ना कि इस पर क्या लिखा है
मैं तुमसे प्यार करता था
मैं तुमसे प्यार करता हूँ...!!!

जो जीते जी ना मेरा नाम लेंगे
उन्हीं होंठों पे मरता था
उन्हीं होंठों पे मरता हूँ
मैं तुमसे प्यार करता था
मैं तुमसे प्यार करता हूँ...!!!

सवाल इक छोटा सा था, जिसके पीछे,
ये सारी ज़िन्दगी बरबाद कर ली
भुलाऊँ किस तरह वो दोनों आँखें,
किताबों की तरह जो याद कर ली

और बरसेगा तू मुझमें तो मैं भर जाऊँगा
इससे ज़्यादा तुझे चाहूँगा तो मर जाऊँगा

बन्द मुट्ठी में मुझे यूँ ही सम्हाले रखना,
मैं तेरे हाथ से छूटा तो बिखर जाऊँगा

मेरी मिट्टी में मेरी आग में शामिल है तू
तू मेरे साथ ही जायेगी जिधर जाऊँगा

ख़्वाब हूँ मैं मुझे आँखों से छुआ जाता है
तुम अगर हाथ लगा दोगे बिखर जाऊँगा

तुम्हारे पास मैं फिर लौट आऊँ
कोई ऐसी वजह छोड़ी कहाँ है
तुम अपने आप से इतना भरे हो
मेरी ख़ातिर जगह छोड़ी कहाँ है

ऑनलाइन

दोनो बहुत देर तक ऑनलाइन थे।
दोनो की वजह एक थी।
इन्तज़ार था कि सामने से पहल हो।
घण्टों गुज़र गये, न यहाँ से शुरुआत हुई न वहाँ से।
दोनों चुपचाप एक–दूसरे का चैट स्टेटस देखते रहे, ऑनलाइन,
ऑनलाइन, ऑनलाइन।
यूँ ही एक–दूसरे को ऑनलाइन देखते हुए कई शामें बीत गयीं।
फिर वही हुआ जिसका डर था, प्यार हार गया, ज़िदें जीत गयीं।
एक ख़ूबसूरत रिश्ते का टूटना टल जाता,
अगर 'ऑनलाइन', 'टाइपिंग' में बदल जाता।

तुम्हारे बाद दिल के साथ क्या–क्या होता रहता है
खिलौने खो गये इसके, ये बच्चा रोता रहता है

समझौते

बिछड़ते वक़्त दोनों हँस के बिछड़े,
तो अब आँखों में क्यूँ बादल भरे हैं
बिना समझे जो हमने कर लिए थे,
वो समझौते बहुत महँगे पड़े हैं

मुझे लगता नहीं बच पाऊँगा मैं
कि इस हमले में मारा जाऊँगा मैं
तुम्हारे साथ जो गुज़रे वो लम्हे
मेरी दहलीज़ पे आके खड़े हैं

भुलाने में तुम्हें ये भी हुआ है
कि हमने खुद को दुश्मन कर लिया है
सुलह की कोई गुंजाइश नहीं है,
हम अपने आप से इतना लड़े हैं

आकाश छुपे हैं मुझमें कई, मैं कायनात का ज़रिया हूँ
मैं दरिया की इक बूँद नहीं, इक बूँद में पूरा दरिया हूँ

अगर भटके तो क्या भटके ज़मीनी रहगुज़ारों में
चलो वो रास्ते ढूँढ़ें, जो खुलते हैं सितारों में

मैं हूँ इक जंगली पौधा, मेरी फ़ितरत है मस्ताना
मैं मुरझा जाऊँगा रहना पड़ा गर दुनियादारों में

सुनारों की ये बस्ती है, यहाँ क्या काम है मेरा
मैं लोहा हूँ, मैं लोहा हूँ, मुझे ले चल लुहारों में

मैं वो दुल्हन हूँ जिसकी पालकी लूटी कहारों ने
मैं वो राही कि प्यासा मर गया जो आबशारों में

जला लो लाखों कन्दीलें, चढ़ा लो फूल जी भर के
मगर ज़िन्दा नहीं होते जो सोये हैं मज़ारों में

मेरी धूनी में जितनी राख़ है गर बेच डालूँ तो
गिना जाऊँगा मैं भी शह्र के जागीरदारों में

कटोरा ले के फिरना तो हमारा शौक़ है वरना
कई सुल्तान शामिल हैं हमारे क़र्ज़दारों में

कौन तराने गाता होगा मेरे बाद
बस्ती में सन्नाटा होगा मेरे बाद
कौन रात भर जगता होगा उसके साथ
चाँद बहुत घबराता होगा मेरे बाद

बहुत अलग हैं हम दोनों

बहुत अलग हैं हम दोनों
वो सिर्फ़ दिल ही दिल
मैं दिल के साथ सोच और फ़िक्र भी

उसे आग और शहद का रंग एक लगता है,
मैं एक जैसे दो रंगों में भी फ़र्क़ ढूँढ़ लेता हूँ.

वो खुला आसमान तलाशती है
मैं पैरों तले ज़मीन
उसे मीठा पसन्द है मुझे नमकीन

बहुत अलग हैं हम दोनों फिर भी कुछ तो मिलता–जुलता है...
हम दोनों के दिल का झरोखा, प्यार की दस्तक पे खुलता है

हमें शाम की चाय साथ पीने में मज़ा आता है
बहुत अलग हैं हम दोनों, पर हमें साथ जीने में मज़ा आता है

तुम अपनी आँखों को हँसना सिखाओ
मेरी आँखों में बादल रहने दो न
मुबारक हो तुम्हें ये दुनियादारी
मैं पागल हूँ तो पागल रहने दो न

मैं समझता था कि दिल की मुश्किलें हल हो गयीं
कल तुम्हारी याद में फिर आँखें बादल हो गयीं

खींच ले जाती हैं मुझको तेरे ही घर की तरफ़
शह्र की ये सारी सड़कें जैसे पागल हो गयीं

इश्क़ दोनों ने किया था, फ़र्क़ बस इतना सा है
मैं अधूरा रह गया और तुम मुकम्मल हो गयीं

मेरी नींदों में भी परियाँ आयी हैं
बादल के बिस्तर पे लेटा मैं भी हूँ
तो क्या जो मेरे नाम रियासत नहीं कोई
अपनी माँ का राजा बेटा मैं भी हूँ

औरत

कौन हो तुम ?
इस क़दर नाजुक हो कि हाथ लगने से बिखर जाती हो
और इस क़दर मज़बूत हो कि परबतों को चीर के नदियों
की तरह गुज़र जाती हो...

तुम्हारी आवाज़ इतनी मद्धम है कि तहज़ीब को भी तहज़ीब
सिखा दे
और वही आवाज़ जब हक़ की गूँज बन जाये,
तो जुल्म की चट्टानें तिनके की तरह उड़ा दे

ऐसी ठोकर नहीं बनी जो तुम्हें गिरा सके
फिर भी रोज़ हाथों से गिरती हो दुआओं जैसी
धूप जैसे तपते हुए हौसले हैं तुम्हारे, और खुद नज़र आती
हो छाओं जैसी

हैरान हूँ मैं,
कैसे कुदरत ने तुम्हें इतने सारे जादू दे दिये
एक ही इनसान को मरियम का दिल, और लक्ष्मीबाई के
बाजू दे दिये।

न जश्न होता है न झूमती है रात यहाँ
हमारे बाद कहाँ पहले वाली बात यहाँ
शरीफ़ लोगों में दिलदारियाँ नहीं मिलतीं
बहुत ज़रूरी हैं हम जैसे वाहयात यहाँ

जो पत्थरों में ज़ुबाँ ढूँढ़े हम वो चीज़ हैं दोस्त
है मर्ज़ ख़्वाब सजाना तो हम मरीज़ हैं दोस्त

हमें कहानियाँ लिखने दो बहते पानी पे
ये बेवकूफ़ियाँ हमको बहुत अज़ीज़ हैं दोस्त

जुनूँ के रास्ते में जिसने ठोकरें खायीं
उसे पता है कि ये ठोकरें लज़ीज़ हैं दोस्त

नसीहतें नहीं सुनते न सबक़ लेते हैं
मैं क्या करूँ कि मेरे ख़्वाब बदतमीज़ हैं दोस्त

नहीं हैं हम कोई ज़ेवर मगर पहन ले हमें
बदन ढकेंगे तेरा हम तेरी कमीज़ हैं दोस्त

ये ग़लत बात है कि लोग यहाँ रहते हैं
मेरी बस्ती में तो अब सिर्फ़ मकाँ रहते हैं
हम दीवानों का पता पूछना तो पूछना यूँ
जो कहीं के नहीं रहते, वो कहाँ रहते हैं?

•

मैं बाज़ हूँ, परबत घर मेरा

सुख–चैन की ठण्डी छाँव तले,
मुश्किल है यार बसर मेरा
महलों में कबूतर रहते हैं,
मैं बाज़ हूँ, परबत घर मेरा

रन स्वाभिमान का लड़ने को
मैं एक–अकेला काफ़ी हूँ
इक हिम्मत है तलवार मेरी,
दो बाज़ू हैं लश्कर मेरा

मैं ओस चाट के भी ख़ुश हूँ
यूँ दरियादिल है प्यास मेरी,
वरना ज़िद पे आ जाऊँ तो
नदियाँ मेरी सागर मेरा

इस धरती का विश्वास हूँ मैं
करबला और कैलाश हूँ मैं,
क़तरा–क़तरा मैं हुसैनी हूँ,
कंकर–कंकर शंकर मेरा

मेरी टूटी शमशीरों पे
तुम्हें आज हँसी आ जाती है,
कल आँखें धुआँ हो जायेंगी
जब देखोगे जौहर मेरा

इतना कह के भी तुमको लगता है
जैसे तुमने अभी कहा क्या है
और मेरे होंठ सिल गये हैं यूँ
जैसे कहने को अब रहा क्या है

सुनी हैं वो कहानियाँ, लैला–मजनूँ, रोमियो–जूलियट, राम और लीला वाली।

पता है हर कहानी का अन्त ट्रैजिक हुआ।

वो फ़लसफ़ा भी सुना है 'प्यार कभी पूरा नहीं हो सकता, क्यूँकि प्यार का पहला अक्षर ही अधूरा होता है'।

सब पता है, पर करें क्या?

प्यार करना छोड़ दें?

ये मान के बैठ जाएँ, कि जिस बाज़ी में हारना तय है उसे खेलना ही क्यूँ?

लोग समझाते हैं, 'जाने दो, क्यूँ एक लड़की के लिए सारी दुनिया से लड़ना'।

थोड़ी देर के लिए बात समझ में भी आती है, फिर उसी लड़की का चेहरा याद आ जाता है और हम दुनिया से क्या, पूरे यूनिवर्स से लड़ने को तैयार हो जाते हैं।

वो अधूरे प्यार की कहानियाँ अपनी जगह,
और इश्क़ में मर–मिटने को बेक़रार जवानियाँ अपनी जगह।

मेरा प्यार एकतरफ़ा

वो इक भटकती खुशबू मैं इक हवा का झोंका
न उसने मुझको बाँधा न मैंने उसको रोका
पल भर वो मुझमें ठहरे तो देर तक मैं महकूँ
दो घूँट पी के उसको मैं पागलों सा बहकूँ

मेरे दिल पे चढ़ गया है ये खुमार एकतरफ़ा
मेरा प्यार एकतरफ़ा!

अभी कल ही तो मिली थी ख़्वाबों के मोड़ पर वो
भीगा था रात भर मैं, बरसी थी रात भर वो
जादू है एक ऐसा जो मैं ही जानता हूँ
उसको छुए बिना भी, उसके गले लगा हूँ

दीवानगी के हैं ये आसार एकतरफ़ा
मेरा प्यार एकतरफ़ा!

कोई प्यार की ये पागल अलमस्तगी तो देखे
घर से निकलता हूँ मैं, तस्वीर उसकी ले के
काग़ज़ पे मैंने अपने सब शौक़ हैं उतारे
तस्वीर में जो रंग थे, मैं पी गया वो सारे

सौ बार उसको चूमा, हर बार एकतरफ़ा
मेरा प्यार एकतरफ़ा !

न मैंने कुछ कहा है न उसने कुछ सुना है
ये ख़्वाब तो अकेले मेरी आँखों ने बुना है
वो कहाँ है इसमें शामिल ये सुरूर सिर्फ़ मेरा
ये तड़प है सिर्फ़ मेरी, ये फ़ितूर सिर्फ़ मेरा

मैं कर रहा हूँ खुद को बेक़रार एकतरफ़ा
मेरा प्यार एकतरफ़ा!

वो नहीं है मेरी बारिश मुझे प्यास क्यूँ है उसकी
नहीं आयेगी कभी वो, मुझे आस क्यूँ है उसकी
किसी मोड़ पर ठहर के उसको पुकारता हूँ
किसी बेंच पर अकेले शामें गुज़ारता हूँ

हर रोज़ कर रहा हूँ इन्तज़ार एकतरफ़ा
मेरा प्यार एकतरफ़ा!

कभी दिन हैं धुँधले–धुँधले कभी धूप जैसी रातें
कोई सरफिरा ही समझे ये सरफिरी सी बातें
कई तोहफ़े और दुआएँ तो फ़िज़ूल भेजता हूँ
उसकी तरफ़ से खुद को मैं फूल भेजता हूँ

मेरी ज़िन्दगी में आयी है बहार एकतरफ़ा
मेरा प्यार एकतरफ़ा!

मैं कब छोड़ूँगा रोना ये अभी सोचा नहीं है
कि दिल की आग तक पानी अभी पहुँचा नहीं है

गुलाबी सर्दियाँ थीं धूप थी ख़ुशबू के साये थे
यही मौसम था पिछले साल जब हम पास आये थे

तुम्हें माँगा था मैंने रब से जब इक तारा टूटा था
मेरी मासूमियत पे किस तरह तुम मुस्कराये थे

मुझे तो याद है शायद तुम्हें भी याद हो वो दिन
मेरी बाँहों में पहली बार जब तुम कसमसाये थे

कभी देखो तो आकर, किस क़दर शादाब लगते हैं
वही पौधे जो मेरे लॉन में तुमने लगाये थे

मैं इक दिन यूँ ही कुछ बीमार सा था, याद है तुमको
मेरी पुरसिश को तुम कितनी तरह के फूल लाये थे

वक़्त दुनिया समाज या हालात
कौन है जिससे इतना डरती हो
उँगलियों पर हैं बन्दिशें किसकी
क्यूँ मुझे फ़ोन नहीं करती हो?

अपने–अपने मंसूबे हैं, अपनी–अपनी है तक़दीर
कैसे निभता प्यार हमारा, न मैं रांझा न तू हीर

बरसों पुरानी आदत है ये, कौन कहे कब जाएगी
सिरहाने रख कर सोता हूँ, आज तलक तेरी तस्वीर

प्यार की आख़िरी मंज़िल क्या है, कोई न जाना आज तलक
कितने पयंबर आए ज़मीं पर, गुज़रे कितने पीर–फ़क़ीर

पत्थर पिघले, तारे टूटे, शोले बरसे, चाँद बुझा
हाय रे मालिक, इक दुखिया के अश्कों में इतनी तासीर

रमता जोगी बहता पानी, पूछो ना औक़ात मेरी
प्यार के मोती मेरी दौलत, मन का देस मेरी जागीर

रहन चढ़ गए महल–दुमहले, गिरवी हो गयी सब जागीर
मेरी फ़क़ीरी शान सलामत, शुक्र है तेरा ऐ तक़दीर

कितना दर्द समाए दिल में, नैन समाए कितना नीर
सागर हो गए आँसू मेरे परबत हो गयी मेरी पीर

टूटे–फूटे लफ़्ज़ पिरोकर, अपना दुखड़ा रोता हूँ
शेरो–शायरी मैं क्या जानूँ, न मैं ग़ालिब न मैं मीर

मैं खँडहर हो गया पर तुम न मेरी याद से निकले
तुम्हारे नाम के पत्थर मेरी बुनियाद से निकले

मैं इस दुनिया में तुम से मिल भी जाऊँ,
तो दुनिया भर की उलझन साथ होगी
मेरे सीने में जो गहराइयाँ हैं,
वहीं आकर मिलो तो बात होगी

मैं सुबह का उजाला पी रहा हूँ
मगर ये सच तो मैं भी जानता हूँ
नहीं लौटा कोई बच के जहाँ से
उसी जंगल में मेरी रात होगी

मेरी बाँहों का वो तावीज़ मैंने
तेरी बाँहों को जिस दिन दे दिया था
उसी दिन से मेरा दिल जानता था
तेरे हाथों ही मेरी मात होगी

बहुत ख़ुश था दिलों में घर बना के
तभी बादल ने मुझ से पूछा आ के
तुम्हारे सर पे अब तक छत नहीं है
कहाँ जाओगे जब बरसात होगी

बहुत रोया तुम्हें पाने की ख़ातिर
हुआ है तब कहीं ये राज़ ज़ाहिर
तरस खा के अगर तुम मिल भी जाओ
तो वो रिश्ता नहीं ख़ैरात होगी

सबसे हसीन ख़ुशियों के जिसने दिखाये ख़्वाब
सबसे ज़्यादा ग़म उसी ग़मख़्वार से मिले
साये में जिसके दो घड़ी सुस्ताने बैठा था
मैं दब के मर गया उसी दीवार के तले

हफ़्ते में चार रातें तो ऐसी निकलती हैं
जब यादें मेरे साथ छतों पर टहलती हैं

तुम आज भी मेरी नहीं हो, कल भी नहीं थीं
अफ़वाह है कि क़िस्मतें इक दिन बदलती हैं

देखूँ तुम्हें तो पड़ती है दिल को ज़रा सी ठण्ड
और फिर महीनों तक ये मेरी आँखें जलती हैं

कब तक तेरी यादों से मैं परहेज़ करूँगा
ये आरियाँ तो रोज़ मेरे दिल पे चलती हैं

जैसा बाज़ार का तक़ाज़ा है, वैसा लिखना अभी नहीं सीखा
मुफ़्त बँटता हूँ आज भी मैं तो, मैंने बिकना अभी नहीं सीखा
एक चेहरा है आज भी मेरा, वो भी कमबख़्त कितना ज़िद्दी है
जैसी उम्मीद है ज़माने को, वैसा दिखना अभी नहीं सीखा

इक़रारनामा

तारीफ़ों के लायक़ ना शोहरत का हक़दार हूँ
सारी बिजली उसकी है मैं तो केवल तार हूँ

मैं थोड़ी हूँ, मुहमाँगे दामों जो बिक जाता है
सारा सोना उसका है मैं तो बस बाज़ार हूँ

गीतों ग़ज़लों नग़मों के महल–दुमहले उसके हैं
वो मालिक जागीरों का, मैं तो चौकीदार हूँ

मैं वो काग़ज़ का टुकड़ा जो बिकता था रद्दी में
उसने कूची फेरी है तो मैं भी शहकार हूँ

हम भी थे यार तख़्त–नशीं, कल की बात है
कोई ज़माना गुज़रा नहीं, कल की बात है
क़बरों के लिए आज ज़मीं ढूँढ़ रहे हैं
जागीरें बाँटते थे हमीं, कल की बात है

आज से 20 साल पहले की कुछ यादें हैं।

एक छोटा–सा क़स्बा था जो शाम के 8 बजते ही सो जाता।

जहाँ सवेरा 4 बजे हुआ करता था, तुलसी पर जल चढ़ाती हुई अम्मा के धीरे–धीरे गुनगुनाने के साथ।

जहाँ हर कोई एक दूसरे को पहचानता था।

ये अच्छी बात थी, क्यूँकि आपको कभी अकेलापन नहीं महसूस होता था, और बुरी बात भी थी, क्यूँकि पड़ोस की रिंकी से भी आप कभी अकेले नहीं मिल सकते थे, जान–पहचान के चार लोग टकरा ही जाते।

नुक्कड़ पर एक चाय की दुकान थी, जहाँ पूरे देश की राजनीति तय की जाती।

मोहल्ले के एक–दो घरों में ही TV हुआ करता था, जहाँ अज़हरूद्दीन की बैटिंग देखने के लिए सैकड़ों लोग इकट्ठे हो जाते।

मैं आज तक नहीं समझ पाया कि 'बीस बाई बीस' के एक कमरे में इतने सारे लोग ऐडजस्ट कैसे होते थे।

और वो कौन–सी जादुई केतली थी, जिस से चालीस लोगों के लिए चाय की धार बह जाती, फिर भी लास्ट ओवर देखने वाले मिश्रा जी के लिए थोड़ी–सी चाय बाक़ी रह जाती।

ये मेरा क़स्बा था, उत्तर प्रदेश के नक़्शे पर एक छोटी सी बिन्दी जैसा, गौरीगंज।

20 साल पहले, मनोज शुक्ला, मनोज मुंतशिर हो गया।
राशन कार्ड पर गौरीगंज की जगह मुम्बई ने ले ली।
वो अम्मा की तुलसी, पड़ोस की रिंकी, नुक्कड़ का मजमा, जादुई केतली, TV वाला कमरा, सब वहीं छूट गया।
लेकिन आज भी बग़ल से कोई ट्रेन गुज़रती है तो लगता है उसकी सीटी मुझे बीस साल पहले वापस बुला रही है।
मुझसे पूछ रही है 'घर कब आओगे ?'

(1)

कोई ख़ुदगरज़ियाँ देखे हमारे जैसे बच्चों की
अधूरी माँ के होंठों पर कहानी छोड़ दी हमने

हमारे गाँव की गलियों को हम से ये शिकायत है
नयी जन्नत बसाने में पुरानी छोड़ दी हमने

वो इक नुक्कड़ जहाँ यारों का जमघट रोज़ लगता था
वहीं इक चाय–ख़ाने पर जवानी छोड़ दी हमने

निवाले माँ खिलाती थी तो सौ नखरे दिखाते थे
नहीं है माँ तो सारी आनाकानी छोड़ दी हमने

(2)

नयी सुबह का लालच खींच लाया मुम्बई हम को
वो गौरीगंज की शामें सुहानी छोड़ दीं हमने

बुज़ुर्गों की वो लावारिस मज़ारें याद आती हैं
कि जिनपे बरसों से शमएँ जलानी छोड़ दीं हमने

ग़रीबी में नहीं बिकने दिया इक छोटा सा टुकड़ा
अमीरी में ज़मीनें ख़ानदानी छोड़ दीं हमने

वो मौसी लखनऊ वाली बरेली के वो ताऊ जी
ये रिश्तेदारियाँ कब की निभानी छोड़ दीं हमने

दिल में क़िस्से हैं तेरे, याद भी तेरी ही है
ये रियासत तो तेरे बाद भी तेरी ही है

दायरे बाज़ुओं के छोटे थे
उसको आँखों में भर के सोते थे

इतना सीधा सा था हमारा प्यार
मिल के हँसते, बिछड़ के रोते थे

रोज़ लिखते थे चिट्ठियाँ उसको
उन दिनों फ़ोन नहीं होते थे

तुम हाँ कह दो, मैं हाँ कह दूँ, इनकार करो इनकार करूँ
जिस प्यार में इतनी शर्तें हैं उस प्यार से कैसे प्यार करूँ

मेरा कमरा

कई बार बरबाद हुआ, उजड़ा मैं...
बड़ी मुश्किलों से गुज़रा मैं...
तनहाइयाँ, मजबूरियाँ, अकेलापन, सन्नाटे
मैंने कैसे–कैसे दिन काटे

एक ख़ाली कमरा था मेरे पास
लोगों ने कहा, किराये पर दे दो...
अकेलेपन की बला टल जायेगी...
हालत भी थोड़ा सम्हल जायेगी...

पर मैं ऐसा कर न सका
जानती हो क्यूँ...?
क्यूँकि उस कमरे का नाम था–दिल
वही कमरा जिसकी छतें प्यार भारी जागती रातों की कहानी कहा करती थीं..
वही दिल जिसमें तुम रहा करती थीं...

सुनो..
ये कमरा आज भी ख़ाली है
किसी सालगिरह या किसी त्योहार पर चली आना...
कभी दुनिया से थक जाओ, तो वापस घर चली आना..!!!

बीते हुए दिन याद आये, या यार कोई जो मिल के खोया
हँसते–हँसते जाने हुआ क्या, इश्क़ दहाड़ें मार के रोया
आँखों से दीवारें खरोंचीं और तुम्हारा नाम लिखा
तुम जागे जब मेरे अन्दर, मैं उस रात न पल भर सोया

दिलनामा

ये दिल जो चाँद कि जानिब उड़ा था
दफ़न मिट्टी में होना चाहता है,
बहुत खेला भरी दोपहरियों में
ये बच्चा अब तो सोना चाहता है

तुम्हारे तोहफ़े बेहद क़ीमती हैं
मगर मेरी ज़िदें कुछ और ही हैं
वो हँसती धूप लेकर क्या करेगा
जो बारिश बन के रोना चाहता है

लगा है दिल को कोई रोग जैसे
मैं इसकी वहशतें समझाऊँ कैसे
बहुत मर–मर के जो पायी हैं इसने
वो इक–इक चीज़ खोना चाहता है

ये दिल दुनिया से कितना बेग़रज़ है
ये सौदागर बड़ा ही नासमझ है
इसे चाँदी के सिक्के मिल रहे हैं
ये मिट्टी का खिलौना चाहता है

मोहब्बत में न दिल को राह सूझे
अब इस पागल से जाके कौन पूछे
जो तेरा हो सका न हो सकेगा
तू क्यूँ उसका ही होना चाहता है

कुछ ख़राबी आ गयी है दिल में ये रोता नहीं
दर्द जैसा पहले होता था वो अब होता नहीं
ख़ुदकुशी कर ली है नींदों ने तुम्हारी याद में
इक ज़माना हो गया मैं रात को सोता नहीं

भूल जाना

भूल जाना, कि एक लड़का था शायराना सा...
कुछ तबीयत से काफ़िराना–सा...
हँस के सब से मिलता–जुलता था...
पर उसके दिल का दरवाज़ा सिर्फ़ तुम्हारी दस्तकों पे खुलता था...

भूल जाना, वो अजीब सा लड़का,
जो लाल–पीले कपड़ों में गुज़रता...
शक्ल–सूरत तो बस यूँ ही थी,
पर तुम्हारे लिए रोज़ बनता–सँवरता।

भूल जाना वो पागल सा लड़का,
जो खुद भूलने की आदत से परेशान था, बरबाद था...
पर तुम्हारे हर कुर्ते का रंग उसे जुबानी याद था।

भूल जाना वो कम पढ़ा–लिखा सा लड़का,
जिसकी किताबों से दोस्ती नहीं हुई...
पर तुम्हारी आँखें पढ़ने में उससे कभी ग़लती नहीं हुई।

भूल जाना कि वो गाँव की मिट्टी का जाया...
जब तुम्हारे शह्र आया...
तो बात–बात पर उसका दिल धड़क उठता...

और वो खेत–खलिहानों में पली उँगलियाँ तुम्हें छू लेतीं,
तो तुम्हारा बदन कच्चे आम के बग़ीचों जैसा महक उठता।

भूल जाना, कि उसने तुम्हारे लिए कई अनसुने नाम तलाशे थे...
और ये तुम्हारे संगेमरमर जैसे होंठ,
उसके होंठों ने ही तो तराशे थे...

भूल जाना वो जनवरी की सर्दियाँ,
वो चाय के प्याले गुनगुने...
और वो कहानियाँ,
जो तुम ऐसे सुनती थीं जैसे कोई बच्चा लोरियाँ सुने।

भूल जाना, क्यूँकि मैं भूल चुका हूँ।

मैं भूल चुका हूँ वो शाम,
जब मैं सिर्फ़ तुमसे नहीं, अपने आप से भी बिछड़ा था...
'आज के बाद मेरा इन्तज़ार मत करना'
ये सुनते ही मेरी घड़ी से वक़्त गिर पड़ा था।

उस शाम के बाद क्या हुआ,
मैं कहाँ गया,
क्या किया,
कैसे जिया,
तुमने पूछा नहीं, मैंने बताया नहीं...
बस इतना जान लो,
वो घड़ी से गिरा हुआ वक़्त मुझे बुलाता रहा,
और मैंने उठाया नहीं।

ख़ैर कल और आज के बीच दुनिया बदल गयी,
अब आँसू बहाने की मोहलत कहाँ...
इश्क़ में तड़पने की फ़ुर्सत कहाँ...
लेकिन आज भी चाय की हर प्याली तुम्हारा ज़िक्र करती है...
ऐ मेरी दोस्त, मेरे दिल की तड़प, मेरी अधूरी आरज़ू,
तेरे हिस्से की शाम, आज भी ख़ाली गुज़रती है..!!!

मेरा ये हफ़्ता भी रोए बग़ैर बीत गया
मैं तेरी यादों से लगता है लड़ के जीत गया

उड़े हवाओं में शह्रे–ज़मीं नहीं पहुँचे,
जहाँ पहुँचना था हमको वहीं नहीं पहुँचे

न जाने किसकी नज़र लग गयी थी पैरों को,
तमाम उम्र चले और कहीं नहीं पहुँचे

किसे पुकारता किस से उमीद रखता मैं,
तुम्हीं थे यार मेरे और तुम्हीं नहीं पहुँचे

सही–ग़लत से परे इश्क़ की जो दुनिया है,
हमें बुलाती रही पर हमीं नहीं पहुँचे

वो नींद जिसमें ख़्वाब भी दाख़िल नहीं होते
इक रोज़ वही नींद मैं सो के दिखाऊँगा
ऐ आसमाँ मैं पी रहा हूँ जह्र इश्क़ का
तुझसे ज़्यादा नीला मैं हो के दिखाऊँगा

तुम मुझे छोड़ तो नहीं दोगी...?

आसमानों से जो अता है मुझे
वो दुआ तुम हो ये पता है मुझे
इश्क़ हो तुम ये मानता हूँ मैं
तुम मेरी हो ये जानता हूँ मैं
मेरा ईमानो–दीन है तुम पर
मुझे पूरा यक़ीन है तुमपर
फिर भी कमबख़्त दिल धड़कता है
रोज़ ये सोच के तड़पता है
तुम मुझे छोड़ तो नहीं दोगी...?

यूँ तो दिन से भी मेरी अनबन है
रात लेकिन पुरानी दुश्मन है
शाम से बेकली सी रहती है
दिल में कुछ खलबली सी रहती है
बेख़बर कितना भी मैं हो जाऊँ
नींद कितनी भी गहरी सो जाऊँ
दर्द सीने में जगा रहता है
एक खटका–सा लगा रहता है
तुम मुझे छोड़ तो नहीं दोगी...?

तुम मोहब्बत का इक जज़ीरा हो
जैसे मन्दिर में कोई मीरा हो
जैसे दरगाह पे हो कुन–फ़ाया
तुमने ऐसे ही मुझको है गाया
प्यार करती हो जितना है बस में
दौड़ता हूँ तुम्हारी नस–नस में
जानता हूँ जो अपना नाता है
फिर भी ये डर सताए जाता है
तुम मुझे छोड़ तो नहीं दोगी...?

तुमपे शक़ है? अरे नहीं जानाँ
ऐसा हो सकता है कहीं जानाँ
सबसे आला किया निराला किया
इश्क़ तुमने किताबों वाला किया
पर किताबें ही ये बताती हैं
कश्तियाँ दिल की डूब जाती हैं
इस से पहले भी ख़्वाब टूटे हैं
इस से पहले भी साथ छूटे हैं
तुम मुझे छोड़ तो नहीं दोगी...?

दरारें क्यूँ हमारे पाँव में हैं जान जाओगे
हमारे पाँव पे देखो किसी दिन तुम खड़े हो कर
ग़रीबी ने हमें माँ की तरह लोरी सुनाई है
वो बच्चे हम नहीं जो माँ को ठुकरा दें बड़े हो कर

जूते फटे

जूते फटे पहन के आकाश पे चढ़े थे
सपने हमारे हरदम औक़ात से बड़े थे

सर काटने से पहले दुश्मन ने सर झुकाया
जब देखा हम निहत्थे मैदान में खड़े थे

तलवार पहले टूटी फिर कट गये ये बाज़ू
और बावजूद इसके हम देर तक लड़े थे

ऊँची इमारतों में हुआ ज़श्न सारी रात
हम पत्थरों की तरह बुनियाद में गड़े थे

फिर भी नहीं किया था हमने ज़मीं का सौदा
दो चार आसमान तो क़दमों पे गिर पड़े थे

सुनसान कर गया कोई आँखों की बस्तियाँ
क्या शह्र था ये जिसका बुरा हाल हो गया
जो ख़्वाब थे वो सारे मलबे में दब गये
तुमसे बिछड़ के दिल मेरा नेपाल हो गया

मैं इन्तज़ार करूँगा

मैं इन्तज़ार करूँगा,
अगर तुम कह दो, मेरी आँखें बुझने से ज़रा पहले तुम लौट
आओगी

अगर तुम कह दो कि जिसमें तरसती रूहें मिलती हैं
मैं भी वो रात देखूँगा
अगर तुम कह दो कि मैं ज़िन्दगी का आख़िरी सूरज तुम्हारे
साथ देखूँगा

मैं इन्तज़ार करूँगा,
कि इक दिन आसमानों में कोई गर्दिश हो और तुमको,
कोई भूला हुआ क़िस्सा दोबारा याद आ जाये...
वो जिसके टूटने पर हमने मिलने की दुआ माँगी,
किसी दिन तुमको वो संतूरी तारा याद आ जाये..
ज़रा सा भी नहीं है याद, जो था दरमियाँ अपने ?
कभी ऐसा भी हो सारा का सारा याद आ जाये...

मैं इन्तज़ार करूँगा,
अगर तुम कह दो कि दुनिया की हमदर्दी से कुछ पहले तुम
लौट आओगी

पसन्द है सर्दियों की धूप मुझको, जानती हो तुम...
मैं इन्तज़ार करूँगा अगर तुम कह दो,
कि मेरी आख़िरी सर्दी से कुछ पहले तुम लौट आओगी...

मैं इन्तज़ार करूँगा..!!

टूटा जो तुमसे रिश्ता तो यूँ सहम गया मैं
जैसे दुआओं वाला तावीज़ टूट जाये
मेरी उँगलियों को जाने किसकी नज़र लगी है
जिस चीज़ को मैं छू लूँ वही चीज़ टूट जाये

दिल भी टूटा है महज़ दिल के सिलसिले ही नहीं
मुझमें वो शख़्स न ढूँढ़ो कि जो मिले ही नहीं

आज तुम हो तो दरीचे पे खड़ा है सूरज
सुब्ह की धूप ये मुमकिन है कल खिले ही नहीं

नयी रुतों के लिए जिस्म कैसे पेश करूँ
गयी बहार के ज़ख़्म आज तक सिले ही नहीं

तेरी दरवेसी में ये कैसी कशिश है जानाँ
कि तेरे दर पे जो बैठे वो फिर हिले ही नहीं

भले कच्ची उमर में ज़िन्दगी की शाम आ जाये
ये मुमकिन ही नहीं कि ख़ून पे इल्ज़ाम आ जाये
हमारे गाँव में बहनें उसे राखी न बाँधेंगी
पलट के जंग से भाई अगर नाकाम आ जाये

मेरा नाम सिपाही है

(एक सिपाही का आख़िरी ख़त)

सरहद पे गोली खा के जब टूट जाये मेरी साँस
मुझे भेज देना यारों मेरी बूढ़ी माँ के पास
बड़ा शौक़ था उसे,
मैं घोड़ी चढ़ूँ, धमाधम ढोल बजें
तो ऐसा ही करना...
मुझे घोड़ी पे ले के जाना
पूरे गाँव में घुमाना
ढोलकें बजाना
और माँ से कहना..
बेटा दूल्हा बन के आया है...
बहू नहीं ला पाया तो क्या, बारात तो लाया है।

मेरे बाबूजी
पुराने फ़ौजी, बड़े मनमौजी
कहते थे,
बच्चे, तिरंगा लहरा के आना, या तिरंगे में लिपट के आना
कह देना उनसे,
मैंने दुश्मन को पीठ नहीं दिखायी,
आख़िरी गोली भी सीने पे खायी

मेरा छोटा भाई,
उससे पूछना, क्या मेरा वादा निभायेगा
मैं सरहदों से बोल के आया था,
एक बेटा जायेगा तो दूसरा आयेगा...

मेरी छोटी बहना...
उससे कहना...
मुझे याद था उसका तोहफ़ा, लेकिन अजीब इत्तेफाक़ हो गया...
राखी से पहले ही भाई राख़ हो गया...

वो कुएँ के सामने वाला घर,
दो घड़ी के लिए वहाँ ज़रूर ठहरना
वहीं तो रहती है वो,
जिसके साथ जीने मरने का वादा किया था...
उससे कहना
भारत माँ का साथ निभाने में उसका साथ छूट गया...
एक वादे के लिए दूसरा वादा टूट गया...

बस एक आख़िरी गुज़ारिश,
मेरी आख़िरी ख़्वाहिश
मेरी मौत का मातम न करना,
मैंने ख़ुद ये शहादत चाही है...
मैं जीता हूँ मरने के लिए
मेरा नाम सिपाही है...!!!

नेशनल ऐन्थम

बावन सेकण्ड खड़े होने में तुमको हैं ऐतराज़ बड़े
सियाचीन की सरहद पर कोई बर्फ़ हो गया खड़े–खड़े

इतना मसरूफ़ हैं कि बात नहीं होती है
आपके शहर में क्या रात नहीं होती है
साँस लेना भी वहाँ मुझको कठिन लगता है
ऐसी जगहें तू जहाँ साथ नहीं होती है

'बेस्ट बिफ़ोर 2019' एक सॉफ़्ट ड्रिंक पर भी उसकी उम्र लिख दी जाती है।

काश, प्यार के साथ भी ऐसा ही होता। कब तक उसे मेरी बातें पसन्द आएँगी? कब तक मेरी आँखों में उसे दुनिया दिखेगी? कब तक वो मेरे हाथ हाथों में ले के सुबह को शाम करती रहेगी? कब तक मेरी दीवानगी में जीती और मरती रहेगी, और कब ये सब अचानक ख़त्म हो जायेगा? प्यार की एक्सपायरी डेट कोई क्यूँ नहीं बताता। कम–से–कम पहले से तैयार तो हो जाते। ये सदमा तो न लगता कि 'जीने–मरने की हम थे वजह और हमीं बेवजह हो गये देखते–देखते'।

मैं तेरे ख़त लौटा दूँगा

आँखों की चमक, जीने की लहक,
साँसों की रवानी वापस दे
मैं तेरे ख़त लौटा दूँगा,
तू मेरी जवानी वापस दे

जब फूलों वाली रूत आयी
और जश्न मनाया दुनिया ने
जब टूट के बरसी मस्त घटा
और झूम के नाचे दीवाने
फेर के आँखें हर शय से
मैं तेरा दर्द संजोता रहा
चुपचाप अंधेरे कमरे में
बिस्तर पे पड़ा मैं रोता रहा

तेरी याद में जिनका ख़ून किया
वो शामें सुहानी वापस दे
मैं तेरे ख़त लौटा दूँगा,
तू मेरी जवानी वापस दे

ये बहुत पुरानी बात नहीं
जब मैं रोशन था, ज़िन्दा था
वो नूर था मेरे माथे पर
कि हर तारा शर्मिन्दा था
घनघोर अँधेरे रोते हैं
जिस चेहरे की वीरानी पर
इक दिया सा जलता रहता था
दिन–रात इसी पेशानी पर

तू मेरा सब कुछ ले जा, बस,
मुझे वो पेशानी वापस दे
मैं तेरे ख़त लौटा दूँगा,
तू मेरी जवानी वापस दे

वो दिन भी कैसे दिन थे जब
पलकों पे ख़्वाब पिघलते थे
जब शाम ढले सूरज डूबे
दिल के अंगारे जलते थे
वो धूप–छाँव सब ख़ाक हुई
यादों के चेहरे पीले हैं
कल ख़्वाबों की फ़सलें थीं जहाँ
अब रेत के बंजर टीले हैं

आँखों के दरिया सूख गये
ला, इनका पानी वापस दे
मैं तेरे ख़त लौटा दूँगा,
तू मेरी जवानी वापस दे

दिल धड़के पर आवाज़ ना हो,
ये शर्त मुझे मंजूर नहीं
तेरे ग़म से बग़ावत कर न सकूँ
मैं इतना भी मजबूर नहीं
जब चाहा तब प्यार किया
और जब चाहा तब रूठ गये
बस एक अँगूठी लौटा दी
और सारे रिश्ते टूट गये ?

ला, मुझको मेरे अरमानों की
हर एक निशानी वापस दे
मैं तेरे ख़त लौटा दूँगा,
तू मेरी जवानी वापस दे

जब भी खुशियाँ फली हैं मुझपे, मैंने पत्थर खाया है
मैं इनसान हूँ पर मैंने पेड़ों का मुक़द्दर पाया है

मुझे कॉल करना

तुम कभी उदास हो, रोने का दिल करे, तो मुझे कॉल करना।
शायद मैं तुम्हारे आँसू न रोक पाऊँ, पर तुम्हारे साथ रोऊँगा ज़रूर...
कभी अकेलेपन से घबरा जाओ, तो मुझे कॉल करना,
शायद मैं तुम्हारी घबराहट न मिटा पाऊँ, पर अकेलापन बाँटूँगा ज़रूर...
कभी दुनिया बदरंग लगे तो मुझे कॉल करना,
शायद मैं पूरी दुनिया में रंग न भर पाऊँ, पर ये दुआ ज़रूर करूँगा कि तुम्हारी ज़िन्दगी ख़ूबसूरत हो...
और कभी ऐसा हो की तुम कॉल करो और मेरी तरफ़ से जवाब ना आये,
तो भाग के मेरे पास आ जाना, शायद मुझे तुम्हारी ज़रूरत हो।

---

* रॉबर्ट जे. लेवरी की कविता से प्रेरित।

बिछड़ के कोई नहीं मरता ये सही है न
मेरे बग़ैर भी तू साँस ले रही है न
न कोई फ़र्क़ सुबह में, न तेरी शामों में
बस एक मैं ही नहीं, और सब वही है न...!!!

फिर कभी मत मिलना

सुनो,
फिर कभी मत मिलना,
वरना मैं अपना सब्र खो दूँगा...
बड़ी मुश्किल से रोक रखे हैं आँसू
तुमको देखा तो फिर से रो दूँगा...

और अगर कहीं सामना हो भी जाये
तो बात मत करना, कोई बहाना बना लेना...
तुम पूछोगी 'कैसे हो',
मैं कहूँगा 'अच्छा हूँ'
मुझे इस झूठ से बचा लेना...

सुनो,
फिर कभी मत मिलना।

आँखें झील हुई जाती हैं बारिश भी तूफ़ानी है
दोनों में ये शर्त लगी है किस में कितना पानी है
वक़्त किताबें खोल के अपनी ढूँढ़ ज़रा पन्ना–पन्ना
मेरे दर्द को नींद आ जाये ऐसी कोई कहानी है ?

वो लड़की.. (जो अब इस दुनिया में नहीं है)

दिल की शाख़ हरी रहती है, फूल कहाँ कम होते हैं
वो कहती थी सारे मौसम प्यार के मौसम होते हैं

ओस को मोती कहती थी वो, सोच के अक्सर हँसता हूँ
गुलमोहर के फूल कभी जब शबनम–शबनम होते हैं

रात की ख़ामोशी में अकसर उसकी आहट सुनता हूँ
दिल में कहीं अब भी यादों के घुँघरू छम–छम होते हैं

मेरे ख़यालों की दुनिया में हर पल मेरे पास़ है वो
आज भी उससे मिलता हूँ जब तारे मद्धम होते हैं

ये तुम्हारी ही गूँज है शायद,
जो मेरी धड़कनों में शामिल है
मैं हवा के बग़ैर जी लूँगा,
पर तुम्हारे बग़ैर मुश्किल है

एक दिन सब कुछ बदल जायेगा

मैं जानता हूँ, एक दिन सब कुछ बदल जायेगा।
बुझ जाएँगे हमारी मोहब्बत के चाँद–तारे,
हमारे प्यार का सूरज ढल जायेगा।
मैं जानता हूँ, एक दिन सब कुछ बदल जायेगा।

मैं तुम्हारा नाम पुकारूँगा,
तो आवाज़ पलट के नहीं आयेगी...
तुम बहुत चाहोगी,
पर तुम्हारी नज़र मुझे ढूँढ नहीं पायेगी।

ये शामें, जिनमें तुम्हारी हँसी का रंग घुला है,
सफ़ेद हो जाएँगी...
ये सुबहें, जो तुम्हारा नाम लेकर मुझे जगाती हैं,
एक दिन हमेशा के लिए सो जाएँगी।

जिन झोंको से तुम्हारी महक आती है,
वही सीने में नशतर बनके उतरेंगे...
जिन रास्तों से हम साथ गुज़रते हैं,
वहीं से अकेले गुज़रेंगे।

एक दिन बँट जायेगी हमारी ज़िन्दगी,
कुछ पल मेरे पास रह जाएँगे कुछ पल तुम्हारे पास...
यादों की कुछ इमारतें मेरे पास रह जाएँगी,
कुछ महल तुम्हारे पास...
फिर कैसे होंगी वो प्यार भरी बारिशें,
जब आसमान मेरे पास रह जायेगा, बादल तुम्हारे पास।

आज तुम्हारे बिना एक पल नहीं कटता,
कल वक़्त हाथों से रेत की तरह फिसल जायेगा...
मैं जानता हूँ, एक दिन सब कुछ बदल जायेगा।

ये कह के बादलों से मेरी आँख भर गयी
अब बरसो या न बरसो मेरी प्यास मर गयी
इक ख़्वाब था जो पूरा न हो पाया उम्र भर
इक उम्र थी जो ख़्वाब कि तरह गुज़र गयी

शमआ दहलीज़ की जल के बुझ भी गयी
इक नज़र रास्ते पर टिकी रह गयी
सो गये शहर के सारे दीवारो–दर
एक खिड़की खुली की खुली रह गयी

वो चिनाबे–रवाँ और वो कच्चे घड़े
सब हैं गुज़रे हुए दौर के वाक़ये
इश्क़ के ख़ून में अब वो गरमी कहाँ
अब कहाँ पहले सी आशिक़ी रह गयी

ये भरम क्यूँ की रिश्तों में गहराई है
आ कि तस्लीम कर लें जो सच्चाई है
न वो दीवानापन है तेरे प्यार में
न मेरे दिल में वो बेकली रह गयी

लफ्ज़ अनमोल हैं, हमको भी है ख़बर
इस तिजारत का अफ़सोस भी है मगर
और कुछ भी नहीं, बिक सके जो कहीं
पेट भरने को बस शायरी रह गयी

चटक गया है मेरे जिस्म का हर इक टाँका
ये जान छूटने वाली है अब हिरासत से
जो आसमान से गिरता तो बच गया होता
मैं गिर पड़ा हूँ तेरे इश्क़ की इमारत से

तुम सुनो

जब आधी खुली इक खिड़की से दो आँखें झाँकती रहती थीं
और तुम अपनी रूमालों पे मेरा नाम टाँकती रहती थीं
उन ओस में भीगी यादों को
उन क़समों को उन वादों को,
रेशा–रेशा खोलूँ मैं
तुम सुनो आज तो बोलूँ मैं...

क्या दिन थे कैसी हवाएँ थीं जो दिल की परतें खोल गयीं
तुमने तो कुछ भी कहा नहीं, पर आँखें तुम्हारी बोल गयीं
वो दिन है और आज का दिन,
मुझे चैन नहीं है तुम्हारे बिन
उतना ही याद तुम आती हो,
जितना दिल को टटोलूँ मैं
तुम सुनो आज तो बोलूँ मैं...

वो सूना–सूना सा नुक्कड़, सब राहें जहाँ खो जाती थीं
वो गलियाँ वो चौबारे जहाँ तुम मुझसे मिलने आती थीं
आओ तुम्हें वहीं ले जाऊँ
फिर बातें पुरानी दोहराऊँ
सदियों से आँखें पत्थर हैं,
आज ज़रा सा रो लूँ मैं
तुम सुनो आज तो बोलूँ मैं...!!!

लौट कर फिर कोई नहीं आता
मैंने देखा है जाने वालों को
तू नहीं तेरी उँगलियाँ भी नहीं
कौन सुलझाए मेरे बालों को

मैं तुझसे प्यार नहीं करता

मैं तुझसे प्यार नहीं करता
पर कोई ऐसी शाम नहीं जब मैं आवारा सड़कों पर तेरा
इन्तज़ार नहीं करता

मैं तुझसे प्यार नहीं करता
दिल से ये कहता रहता हूँ,
पर तेरी साँसों में छुप के साँसें लेता रहता हूँ

मैं तुझसे प्यार नहीं करता
पर जिस दिन तुझको न देखूँ रहता हूँ खोया–खोया सा
हँसता हूँ तो भी लगता है ये चेहरा रोया–रोया सा

बेमक़सद सा मैं गलियों में मारा–मारा फिरता हूँ
जिन रस्तों से मैं वाक़िफ़ हूँ, वहीं ठोकर खा के गिरता हूँ

मुझे कुछ भी ध्यान नहीं रहता कब दिन डूबा कब रात हुई
अभी कल की बात है, घण्टों तक मेरी दीवारों से बात हुई

जो होश ज़रा सा बाक़ी है लगता है खोने वाला हूँ
अफ़वाह उड़ी है यारों में मैं पागल होने वाला हूँ

मैं तुझसे प्यार नहीं करता
पर शह्र में जिस दिन तू ना हो ये शह्र पराया लगता है
मैं बातें करूँ फ़कीरों सी, संसार ये माया लगता है

वो अलमारी कपड़ों वाली लावारिस हो जाती है
ये पहनूँ या वो पहनूँ ये उलझन भी खो जाती है

मुझे ये भी याद नहीं रहता रंग कौन से मुझको प्यारे हैं
मेरी शौक़ पसन्द मेरी, बिन तेरे सब बंज़ारे हैं

मैं तुझसे प्यार नहीं करता
पर ऐसा कोई दिन है क्या,
जब याद तुझे तेरी बातों को, सौ–सौ बार नहीं करता
मैं तुझसे प्यार नहीं करता...!!!

कितनी नादान है, बेलौस है, पागल है वो,
काश ये बात कोई जा के बताता उसको
लोग तो क्या–क्या हुनर जानते हैं दुनिया में,
और मोहब्बत के सिवा कुछ नहीं आता उसको

तुम पास नहीं तो कुछ भी नहीं

झुक जाएँ तारे धरती पर, मेरी दुनिया जन्नत हो जाये
मुमकिन है मेरी आँखों का हर ख़्वाब हक़ीक़त हो जाये
पर दिल को तुम्हारी चाहत का अहसास नहीं तो कुछ भी नहीं
तुम पास नहीं तो कुछ भी नहीं।

शोहरत की तमन्ना में मैंने, कुछ खोया है कुछ पाया है
ये धूप–छाँव का खेल यूँ ही, सदियों से होता आया है
कल मैं था मेरी तनहायी थी, हमराह कई अब साथ सही
मंज़िल पे मेरे ये पाँव सही, दामन पे हज़ारों हाथ सही
तुम साथी हो मेरे सुख–दुःख के, ये आस नहीं तो कुछ भी नहीं
तुम पास नहीं तो कुछ भी नहीं।

आकाश पे तारे हों न हों आँखों में तुम्हारा चेहरा हो
बेरंग हो दुनिया का मंजर, बस चाहत का रंग गहरा हो
मेरे आँगन में सावन बरसे, माना कि मेरी ये हसरत है
पर तुम शबनम की बूँद हो जो, सदियों से मेरी अमानत है
मेरे होंठों पर इस शबनम की गर प्यास नहीं तो कुछ भी नहीं
तुम पास नहीं तो कुछ भी नहीं...!!!

तू ऐसा रास्ता है जिससे वापस मुड़ना मुश्किल है
मैं तुझसे टूट जाऊँगा तो मेरा जुड़ना मुश्किल है
मैं वो बुलबुल, मोहब्बत है जिसे तेरी सलाख़ों से
तू पिंजरा खोल भी देगा तो मेरा उड़ना मुश्किल है

न्यूटन के सिर पर सेब गिर पड़ा तो उसे पता चला की ज़मीन में ग्रैविटेशनल फ़ोर्स होती है।
और मुझे ये बात तब पता चली जब मैं विदेश गया और वहाँ कुछ NRI दोस्तों से मिलना हुआ।
ज़मीन में खींचने की ताक़त तो होती है।
वरना क्यूँ कोई परदेसी, सात समन्दर पार अपने गाँव की गलियाँ याद करके रोता।
कोई वतन से आ जाये, तो उसके कपड़ों पर मिट्टी सूँघ के खुश होता।

आपने कभी ग़ौर किया है, बदन के किसी हिस्से पर चोट लग जाये, तो वो हिस्सा नीला पड़ जाता है।
यानी दर्द का रंग नीला है।
शायद इसीलिए, हिन्दुस्तान के पासपोर्ट का रंग भी नीला है।
देश छोड़कर जाने का दर्द तो वही समझता है, जिसके पासपोर्ट पर इमिग्रेशन की मुहर लग चुकी हो 'Exit From India'.

सात समन्दर पार

कहाँ मैं जाऊँ कहाँ को लौटूँ,
कि सारे रस्ते भुला दिये हैं
यहाँ मैं पहुँचा था जिनपे चल के,
वो पुल तो मैंने जला दिये हैं

वो नक़्शे जिनपे खिंची लकीरें
इशारा करती थीं वापसी का
खुद अपने हाथों ही पुर्ज़ा–पुर्ज़ा
वो नक़्शे मैंने उड़ा दिये हैं

वो मैं था या कोई और था वो
अजीब वहशत का दौर था वो
शिनाख़्त करते जो मेरे घर की
निशान वो सब मिटा दिये हैं

ऐ वक़्त तुझसे हिसाब पढ़ के
मेरा तो नुक़सान हो गया है
जो सपने थे उनको जोड़ने में
जो अपने थे वो घटा दिये हैं

मेरे पैरों को तू मिट्टी में सना रहने दे
मेरा धरती से जो रिश्ता है, बना रहने दे

जिया जब तक मैं सूरज बन के चमका आसमानों में,
कभी जब शाम आयेगी तो फिर ढल जाऊँगा मैं भी
कई घर बदले जीते–जी मगर घर आख़िरी तय है,
जहाँ पुरखे जले मेरे वहीं जल जाऊँगा मैं भी

गौरीगंज

गौरीगंज के वो रस्ते मेरे बचपन के साथी हैं
क़दम वहीं मुड़ जाते हैं जब अपनी जड़ें बुलाती हैं

वो नयी उमर का इक लड़का हर मोड़ पे टकरा जाता है
आँखें मूँद के भी गुज़रूँ तो यादें नज़र आ जाती हैं

वो तपती हुई दोपहरें दिल में ठण्डक बनकर बसती हैं
वो कच्ची सड़कें आज भी जैसे पाँवों को सहलाती हैं

ख़ाली से इक क्लास–रूम में आज भी गुमसुम बैठा हूँ
आज भी आँखें ब्लैक–बोर्ड के वो अक्षर दोहराती हैं

आज भी गाड़ी की सीटी गाती है गीत बिदाई का
आज भी यादें स्टेशन पर खड़ी हाथ लहराती हैं

अपनी मिट्टी छोड़ने वाला खुद मिट्टी हो जाता है
आज भी आती–जाती हवाएँ कान में ये कह जाती हैं

कौन सा टाँका खुल गया मन का
भेद ये कैसे दुनिया जाने
रात बहाये कितने आँसू
मैं जानूँ मेरा तकिया जाने

बातों में वो लहक नहीं, अहसास से ख़ाली हो
ऐसा लगता है, तुम मुझको छोड़ने वाली हो

बेच के अपना आसमान इक चाँद ख़रीदा है
सोचो अगर वो चाँद भी पीतल का हो, जाली हो

चार दिनों का साथी था वो पर बिछड़ा ऐसे
जैसे किसी ने मेरी पूरी उम्र चुरा ली हो

खोजी बने हुए फिरते हो, जाओ खोज के लाओ तो
ऐसी अमावस जो मेरी तक़दीर से काली हो

आप ठहरे सौदागर और हम फ़कीर
आप और हम साथ चल सकते नहीं
नासमझियों पर अपनी हम को नाज़ है
हम समझदारों के मुँह लगते नहीं

मेरे पास उलटी बातों का सीधा जवाब है
मैं बदतमीज़ हूँ मेरी आदत ख़राब है

सिक्कों से ढक रहा है वो सूराख़ रूह के
दुनिया समझती है वो बड़ा कामयाब है

ये क्या हुआ कि पढ़ न सके दर्द की ज़ुबाँ
तुम ही तो कहते थे मेरा चेहरा किताब है

दीवारें तुम बनाओ मैं तो पुल बनाऊँगा
तुम ज़िद पे हो अगर तो ये मेरा जवाब है

दुनिया सलाम करती है मेरी नेकियों को आज
मैं कुछ नहीं हूँ फिर भी मेरा क्या रुआब है

जिन आँखों में धुआँ था आज उनमें ख़्वाब है
हाँ ज़िन्दाबाद बोलो, यही इंक़लाब है

मेरे सपने टिके नहीं हैं ऐरों–ग़ैरों पर
मुझे भरोसा अपने हाथों अपने पैरों पर

सोने के क़लम से लिखी हैं जो वो तक़दीरें तुम रख लो
मेरे ख़्वाब मेरे हैं बाक़ी सब जागीरें तुम रख लो

क़िस्मत उनकी भी होती है जिनके हाथ नहीं होते
हम लिख लेंगे अपना मुक़द्दर झूठी लकीरें तुम रख लो

हम तो मस्त क़लन्दर हैं हमें आज़ादी से जीने दो
भाषा–मज़हब दीन–धरम ये सब ज़ंजीरें तुम रख लो

जंग वक़्त से लड़नी है हथियार उठा लें चल दोनों
मैंने क़लम जेब में रख ली, ये शमशीरें तुम रख लो

इण्टोलेरेंस

मुझे भी सबकी तरह थोड़ी सी शिकायत है
कि चन्द साँप यहाँ अपनी आस्तीन में हैं
मैं ये ज़मीन मगर छोड़ कर कहाँ जाऊँ
मज़ारें मेरे बुजुर्गों की इस ज़मीन में हैं

जो तुम सुनो तो मैं इक बात कहने वाला हूँ
तुम्हारा हूँ मैं, तुम्हारा ही रहने वाला हूँ

ख़ुशी है तू, तो आ, तुझको सम्हाल के रख लूँ
जो ग़म है तू, तो ख़ुशी से मैं सहने वाला हूँ

वो आँसू हूँ मैं जो सदियों में एक बार ढले
यूँ बात–बात पे मैं थोड़ी बहने वाला हूँ

नहीं हैं पाँव के नीचे जमीनें
मगर अम्बर पे तारे टाँकता हूँ
मुनासिब जो लगे वो देना मौला
मेरा क्या, मैं तो कुछ भी माँगता हूँ

द क्रुसीफ़िकेशन ऑफ़ जीसस

क़तरा–क़तरा पिघल रहा सूरज,
तिनका–तिनका बिखर रही है ज़मीं
ज़िन्दगी बन के तुम जहाँ आये
आज बेमौत भर रहे हो वहीं

उनके दामन पे है तुम्हारा ख़ूँ
ज़ख़्म जिनके लहू से धोए थे
कितनी वहशत से हँसते हैं तुम पर
तुम कभी जिनके दुःख में रोए थे

ये वही लोग हैं जिनकी ख़ातिर
दहके अंगारों पे तुम चलते रहे
अपनी जन्नत से फेर कर आँखें
इनके दोज़ख़ में साथ जलते रहे

कौन अपना यहाँ पराया कौन
सब तुम्हारी सज़ा में शामिल हैं
सब के हाथों में आज पत्थर हैं
देख लो सब तुम्हारे क़ातिल हैं

नहीं सूली पे तुम नहीं हो आज
तुमपे टूटा नहीं कोई ख़ंजर
हैं मोहब्बत के बदन में कीलें
और इनसानियत है सूली पर

तुम तो कल भी यहीं थे आज भी हो
तुम कोई नक़्श नहीं हो कि मिटा दे कोई
कोई चिंगारी नहीं हो कि बुझा दे कोई
कोई आवाज़ नहीं हो कि दबा दे कोई

तुम बदन में लहू की गर्दिश हो
और लहू का सफ़र रुका है कहीं
तुम धड़कते रहोगे सीनों में
जब तलक है ये आसमाँ ये ज़मीं...!!!

मैं छोटा या बड़ा जो हूँ मेरे मौला की रहमत है
तुम्हारे क़द से अपना क़द अगर नापूँ तो लानत है

आज मुझे तुम राख़ समझ के, मेरी हँसी उड़ा लोगे
मेरे ख़्वाब छुओगे जिस दिन, अपने हाथ जला लोगे

जीत वही जो हम बोलेंगे, दाम वही जो तुम बोलो
जान की हमको फ़िकर नहीं है इससे ज़्यादा क्या लोगे

पानी क्या हमें आग मिले तो आग भी हम पी जायेंगे
हार जाओगे प्यास से मेरी जिस दिन शर्त लगा लोगे

ये कैसी कामयाबी है ये बरकत किस तरह की है,
बनाये महल लेकिन ख़ुद को खँडहर कर दिया मैंने
मैं जिनके वास्ते काजल कमाने घर से निकला था
जुदाई में उन्ही आँखों को पत्थर कर दिया मैंने

तुम्हारे शह्‌र ने दफ़नाया बे–मज़ार हमें
हमारे गाँव में कहते थे ज़मींदार हमें

लकीरें हाथ की गिरवी हैं कारख़ाने में
कहाँ ले आया है खुशियों का इन्तज़ार हमें

हम आसमान से बढ़ के बुलन्द हो जायें
तू अपने क़दमों में बिछने दे एक बार हमें

दरिया–वरिया झरने–वरने लोग तो कुछ भी कहते हैं
मेरे आँसू भेस बदल कर बस्ती–बस्ती बहते हैं

तेरी तलाश में गुम हूँ मैं इक ज़माने से
चला भी आ तू कहीं से किसी बहाने से

चलूँ मैं घर से तो दीवारें साथ चलती हैं
मेरा वो रिश्ता है अपने ग़रीबख़ाने से

किसी के काम तो आया मेरा नाकाम सा दिल
तुम्हें ख़ुशी तो मिली मेरा दिल दुखाने से

दिलों पे लिखे़ हुए हर्फ़ मिट नहीं सकते
मोहब्बतें नहीं जलती हैं ख़त जलाने से

मेरे पैरों में न तहज़ीब की बैसाखियाँ होंगी
यही मस्ती यही रिंदी यही बेबाकियाँ होंगी
उबाल आयेगा, खौलूँगा, उठेंगे मुझसे अंगारे
मैं जब तक मर नहीं जाता यही गुस्ताख़ियाँ होंगी

ख़ुदा के हुक्म से क्यूँ कोई ये जहाँ छोड़े
हम ज़मीं छोड़ दें, पहले वो आसमाँ छोड़े

दिल को पत्थर भी करोगे तो कुछ न बदलेगा
दर्द फ़रहाद है, पत्थर पे भी निशाँ छोड़े

उस से कह दो मैं निशाने पे नहीं रह सकता
तीर न छोड़ सके वो, तो फिर कमाँ छोड़े

कोई बहाना तो रह जाये उस से मिलने का
वो कहते–कहते कोई बात दरमियाँ छोड़े

मुंतशिर उर्दू की ख़िदमत के लिए ज़िन्दा है
ग़ैर–मुमकिन है वो जीते–जी ये ज़ुबाँ छोड़े

बच्चों के बस्तों में छुपकर अल्ला जाता है स्कूल
मन्दिर मस्जिद ढूँढ़ें उसको, हम न करेंगे ऐसी भूल

मेरा खुदा

बादल बनकर उठता था वो
झरना बनकर गिरता था
रात और दिन की पगडण्डी पर
धूल उड़ाता फिरता था

आसमान का कोरा काग़ज़
देख के मन में हूक मचे
जगमग चन्दा झिलमिल तारे
कैसी–कैसी छवि रचे

उसके तन की आँच लगे तो
दरियाओं से भाप उठे
चार क़दम वो चले नहीं
और सारी धरती नाप उठे

ऐसे अनहद को भी हमने
पिंजरे का पाबन्द किया
कायनात उसे कम पड़ती थी
दैरो–हरम में बन्द किया

न फूलों में खिलता है वो
न झरनों में गाता है
कुछ सहमे डरे लोगों का दिल
बहलाने के काम आता है

सोचता हूँ कि मैं सन्नाटों से बाग़ी हो लूँ
साँस जब तक न मेरी टूटे मैं तब तक बोलूँ
थपकियों से तो मुझे नींद नहीं आयेगी
मेरा सर रख दो सलीबों पे तो शायद सो लूँ

मेरी नींदों का रिश्ता ख़ुशबुओं के साथ बन जाये
मुझे वो ख़्वाब भेजो तुम कि मेरी रात बन जाये

मेरे दिल की ज़मीनो में दरारें ही दरारें हैं
उसे कह दो कि आये और मेरी बरसात बन जाये

दवाओं मरहमों से ज़ख़्म मेरे भर नहीं सकते
वो माँ की फूँक मिल जाये तो शायद बात बन जाये

हाय वो पीतल के छल्ले भी पुराने हो गये
आपसे बिछड़े हुए कितने ज़माने हो गये

वो दिल कि जिसने आपको चाहा था टूट के
इक आईना था गिर गया हाथों से छूट के

अश्कों की तरह आँखों से हो जायेंगे जुदा
वापस नहीं आयेंगे, गये हम जो रूठ के

इक दर्द का रिश्ता है जो निभता है दूर तक
बाक़ी तो जो भी रिश्ते हैं रिश्ते हैं झूठ के

वन्देमातरम

जो तोले दिल के रिश्तों को, बना है वो तराज़ू क्या
अगर दोनों ही भाई हैं, तो फिर मैं क्या, तो फिर तू क्या
ये मिट्टी तेरी भी माँ है, ये मिट्टी मेरी भी माँ है
तो माँ को सर झुकाने में मुसलमाँ और हिन्दू क्या

बाबूजी

हज़ारों मुश्किलों से लड़ रहा हूँ मैं अकेला ही
दुआएँ साथ हों जिसके उसे लश्कर नहीं लगता
मेरे बाबूजी बूढ़े हैं मगर अब भी ये आलम है
वो मेरे पास होते हैं तो मुझको डर नहीं लगता

1947

एक काग़ज़ था,
तस्वीरों से भरा हुआ, रंगों से सजा हुआ
हर तस्वीर कुछ अनकहा–सा कह जाती
दुनिया देखती, तो बस देखती रह जाती

फिर यूँ हुआ, कि वक़्त ने फ़िज़ाओं में धुआँ भर दिया...
किसी ज़िद्दी बच्चे की तरह वो काग़ज़ दो टुकड़े कर दिया।

सरहदें खिंच गयीं, तस्वीरें बँट गयीं...
अमन और चैन की सब जागीरें बँट गयीं।

लेकिन जो नहीं बँटी, वही तो असली दौलत है...
पेशावर हो या पठानकोट, दोनों की मिट्टी में एक जैसी रंगत है।
आज भी अमृतसर में हवाएँ चलें, तो लाहौर में परदे सरकते हैं...
श्रीनगर में केसर फूले, तो इस्लामाबाद के रस्ते महकते हैं

दोनों तरफ़ सपने मीठे हैं, आँसू खारे हैं'
सर्दियों में वही ठण्डक, गर्मियों में वही शरारे हैं...

दोनों तरफ़ गूँजती हैं दिशाएँ एक ही पुकार से...
हमें ग़रज़ है तो बस उजालों के दीदार से...
क्या फ़र्क़ पड़ता है,
चाँद सरहद के इस पार से देखें, या उस पार से।

तू नहीं है तो कौन सुलझाए
जो परेशानी रू–ब–रू है आज
कौन से रंग के कपड़े पहनूँ
अच्छा दिखने की आरज़ू है आज

वैलेंटाइन

उतारती है वो सदक़ा मेरा हज़ारों बार,
मैं चिढ़ने लगता हूँ इतना सराहती है मुझे,
ख़याल माँ के मेरी आज भी पुराने हैं,
बिना गुलाब दिये भी वो चाहती है मुझे

तुम्हारा नाम लेता हूँ फ़ज़ा में रंग बिखरते हैं
ये मौसम आज भी मुझसे तुम्हारी बात करते हैं

वो कुहरे से धुली इक शाम, दो लिपटे हुए साये
तुम्हें सोचूँ तो यादों में कई मंज़र उभरते हैं

इन्हीं गलियों में हमने बरसों पहले चाँद देखा था
हमें कुछ याद आता है यहाँ से जब गुज़रते हैं

अजब शर्तें लगायी हैं मेरी आँखों ने मौसम से
न बरसातें ही थमती हैं, न आँसू ही ठहरते हैं

मैं खुद क्या बताऊँ कि तुम मेरी क्या हो
मेरा प्यार तुमको अगर देखना हो
गुज़र के मेरे दिल की राहों से देखो
कभी खुद को मेरी निगाहों से देखो

रोज़ कहाँ ये लम्हे होंगे रोज़ कहाँ हम होंगे साथ
अपनी कह दो, मेरी सुन लो, रुक भी जाओ आज की रात

कब तक अपनी धड़कन को हम, ज़ंजीरें पहनाएँगे
तुम भी ये ख़ामोशी तोड़ो, मैं भी कह दूँ दिल कि बात

लम्हा–लम्हा टूट रहा है, बिखर रहा है मुझमे कुछ
थाम लो ये गिरती दीवारें, रख दो मेरे दिल पे हाथ

तुम चाहो तो छँट सकते हैं, बादल मेरी आँखों से
तुम चाहो तो थम सकती है, बे–मौसम की ये बरसात

कितने दिनों के बाद कोई उम्मीद लगायी है तुमसे
आज तो मेरा दिल न तोड़ो, आज तो रख लो मेरी बात

तुम ही कहो अब किस मौसम के दरवाज़े पर दस्तक दूँ
फ़स्ले–गुल तो हाथ पे रख गयी, सूखे पत्तों की सौग़ात

जाने वालों का क्या है वो जाते हैं वो जायेंगे
रोयेंगे इतना तो इक दिन नैन नदी हो जायेंगे
सता–सता के तुम भी हमको एक रोज़ थक जाओगे
हम भी इक दिन ख़ाक ओढ़ के धरती में सो जायेंगे

मन में प्रीत की जोत जगाये सोने संग सुहाग लगे
जगमग–जगमग रूप ये तेरा, मुझको दीपक राग लगे

सनके हवा तो कसके छाती, बरसे घटा तो आग लगे
पूछ न दुःख उस बिरहन का जिसे बाली उमर बैराग लगे

कोई शगुन तो सच्चा निकले कोई भरम तो रह जाये
मन कि अटारी बैठ के साजन बोलन काले काग लगे

धुँधले–धुँधले सारे मंज़र, फीके–फीके सारे रंग
नैन उसी का दरस तलाशें जिस जुलमी संग लाग लगे

रूप–सरूप की दौलत आख़िर मेरे कौन से काम की है
जिस जोबन को पिया न पूछें उस जोबन को आग लगे

तू कहता था अकसर तेरी जान हूँ मैं
तू भी मुझको छोड़ गया, हैरान हूँ मैं
हवा चले तो रेत उड़े है यादों की
चलता–फिरता कोई रेगिस्तान हूँ मैं

कोई खिड़की, कोई दीवारो–दर अच्छा नहीं लगता
वो क्या रुख़सत हुआ, आँखों को घर अच्छा नहीं लगता

वो जब हमराह था, पत्थर भी सहलाते थे पैरों को
नहीं है वो, तो फूलों का सफ़र अच्छा नहीं लगता

बिछड़ना है तो कल क्यूँ, आज ही मुझ से बिछड़ जाओ
मुझे हर वक़्त तन्हाई का डर अच्छा नहीं लगता

मैं शायर हूँ, मेरी रग–रग में ख़ुद्दारी तड़पती है
मुझे मर–मर के जीने का हुनर अच्छा नहीं लगता

मेरे अन्दर क़ाबिज़ है वो, मुझसे जुदा नहीं रहता
दाढ़ी टोपी और तिलक में मेरा ख़ुदा नहीं रहता

मेरा बचपन

उफ़ बड़ा शैतान था मैं

चाँद पर लंगर उछाले
तारे कितने तोड़ डाले
चाँदनी को गुदगुदाकर
कच्ची नींदों से जगाकर
रेत पर लाकर बिखेरा
और जब आया सवेरा
जागे सूरज को सताया
बाल खींचे मुँह चिढ़ाया

छपछपायीं नदियाँ सारी
मछलियों को टीप मारी
धरती–अम्बर–आग–पानी
किस से किस से रार ठानी

मैं बड़ा शैतान था, पर
मुझसे कुछ ख़तरा नहीं था
मज़हबों का ज़हर
मेरे ख़ून में उतरा नहीं था

लहू तलवों से टपका तब ये जाना,
कि मेरे ख़्वाब हद से बढ़ गये थे
फ़लक की सैर पे निकला था कल मैं,
मेरे पैरों में तारे गड़ गये थे

चिरागे़–मोहब्बत का इक नूर हूँ मैं
मुझे क़त्ल कर दो कि 'मन्सूर' हूँ मैं

ख़ुशामद की आदत नहीं है मुझे
ज़माना समझता है मग़रूर हूँ मैं

सुनूँ क्या बिछड़ने की तक़रीर तुमसे
यही तो कहोगे की मजबूर हूँ मैं

मुझे पा के भी तू न पाएगा मुझको
बता क्या तुझे अब भी मंजूर हूँ मैं ?

कल तक सब कुछ याद था तुमको, फिर अब कैसे भूल गये
मैं तो कुछ भी नहीं भूला हूँ, तुम सब कैसे भूल गये

पल पल महके मन में जैसे बेला हरसिंगार
रंग–बिरंगे फूलों जैसा, सजनी तेरा प्यार

मैंने इन आँखों से देखी, इक अलबेली नार
सोए भाग जगा दे जिसके पायल की झंकार

जीवन की इस हार–जीत पर अपना क्या अधिकार
मन के जीते जीत है साथी, मन के हारे हार

लब पे शिकवे निगाहों में शबनम कहाँ
अब वो मिलने–बिछड़ने के मौसम कहाँ
हम न कहते थे, हो जाएँगे फ़ासले
आज ख़ुद देख लो, तुम कहाँ, हम कहाँ

काँच के टुकड़े निगाहों में चुभोकर देखे
किसमें हिम्मत है जो अब ख़्वाब संजोकर देखे

लाख चाहेगा मगर दिल से न जुड़ पायेगा
वो सिवा मेरे किसी और का होकर देखे

जिसको चाहो उसे पा लो, ये मुनासिब है मगर
लुत्फ़ खो देने में भी है, कोई खोकर देखे

हथेली खुल गयी जिस पल ये जुगनू छूट जायेंगे
अगर तुम आज़माओगे तो रिश्ते टूट जायेंगे
बहारों के ज़माने में कहाँ अहसास था मुझको
मेरे पेड़ों से इक दिन सब परिन्दे रूठ जायेंगे

फ़ूल खिले शाख़ें लहरायीं, दरिया चढ़ के उतर गये
अबके बरस भी तुम नहीं आये, सारे मौसम गुज़र गये

एक सुहानी शाम को तुमने हमसे आँखें फेरी थी
जब–जब दीप जले आँगन में, जाने क्यूँ हम सिहर गये

पहली किरन से आस लगाये, आँखें फिर मायूस हुईं
दीवारों से धूप के साये, धीरे–धीरे उतर गये

पल दो पल मिल के हम दोनों जब सदियाँ जी लेते थे
आज मैं सोचूँ तो लगता है, जाने वो दिन किधर गये

पहले तेरी तस्वीर के चलते आँखें उठ भी जाती थीं
बरसों गुज़र जाते हैं अब तो दीवारों पे नज़र गये

कितने ख़्वाब दफ़न हैं अन्दर गिनती न कर पाओगे
क़ब्रिस्तान मेरी आँखों का देखा तो डर जाओगे

मंज़िल थी मोहब्बत की रवायात से आगे
हम जा न सके एक मुलाक़ात से आगे

बिछड़े तो इतना रोये की बंजर हुई आँखें
तपते हुए सहरात थे, बरसात से आगे

यूँ गुज़रे शबे–वस्ल कि यादों में गुज़र जाएँ
तन्हाई के वो दिन जो हैं इस रात से आगे

हालात की औक़ात क्या दुनिया को बदल दूँ
इक दिन जो निकल जाऊँ मैं हालात से आगे

डिमॉनिटाइज़ेशन

हम यारों के यार हैं, हम से पैसे वाले जलते हैं
नोट पुराने बन्द हो गये, दोस्त पुराने चलते हैं

अब इक मौक़ा मैं दूँगा मौत को भी
कई मौक़े दिये हैं ज़िन्दगी को
कोई जादू कोई मन्तर बता दो
भुलाना चाहता हूँ मैं किसी को

मौलसिरी की शाख़ों पर इक सन्नाटा सा फैला है
जिस दिन से तुम गये हो घर का आँगन बहुत अकेला है

पल–दो–पल के रिश्ते नाते, पल–दो–पल की चाहत है
शाम ढले सब राह लें अपनी, दुनिया ऐसा मेला है

कौन से हम पैग़म्बर हैं जो औरों का इंसाफ़ करें
किसको बुरा कहें जब अपना खुद का दामन मैला है

मिलना और बिछड़ना क्या है सब अहसास की बातें हैं
जिस दम आँखें मूँद लूँ अपनी वही मिलन की बेला है

तन मिट्टी है मिट जाता है, प्यार आज भी ज़िन्दा है
सेहरा–सेहरा क़ैस है साथी, बस्ती–बस्ती लैला है

जो मरने के लिए जीते हैं जीने के लिए मरते
ज़माने तूने जाँबाज़ों की वो नस्लें नहीं देखीं
गिरेंगे जितने अंगारे खिलेंगे फूल उतने ही
अभी तुमने हमारे ख़्वाबों की फ़स्लें नहीं देखीं

शिकायत

मुझे शिकायत है
हिन्दुस्तान के हर सिपाही से
ये वादे निभाना नहीं जानते

माँ से कहते हैं,
वापस आऊँगा, तुझे तीर्थयात्रा पे ले जाऊँगा
बीवी से कहते हैं,
कश्मीर जा रहा हूँ,
तेरे लिए पश्मीने की शॉल लाऊँगा

बच्चों से कहते हैं
आज कहानी यहीं तक,
बाक़ी लौट के सुनाऊँगा...

लेकिन जब दुश्मन का टैंक सरहद पार कर जाता है
इन्हें कोई वादा याद नहीं आता है

उड़ती गोलियाँ सीने में भर लेते हैं,
ये भी नहीं सोचते,
कि लहू के साथ घरवालों के सपने भी बह जायेंगे

माँ की तीर्थयात्रा,
बीवी की शॉल
बच्चों की कहानियाँ
सारे वादे अधूरे रह जायेंगे

सवाल देश का आ जाये,
तो ये ख़ून के रिश्ते भी नहीं पहचानते,
मुझे शिकायत है हिन्दुस्तान के हर सिपाही से
ये वादे निभाना नहीं जानते।

प्यार हमारा सबसे सच्चा, रिश्ता सबसे अटूट
आओ हम दोनों भी बोलें इक दूजे से झूठ

एक चेहरा था सो अब वो भी ज़माने में कहाँ
अब कोई चाँद मेरे आइनाख़ाने में कहाँ

तुझको पा लूँ तो मेरी ख़्वाहिशें मर जाएँगी
ये मज़ा तेरी तलब का तुझे पाने में कहाँ

हर शरारत मेरी अब उसको बुरी लगती है
अब वो पहले सा मज़ा उसको सताने में कहाँ

पेट की आग ने दिल को भी जला डाला है
अब वो अन्दाज़े–जुनूँ तेरे दीवाने में कहाँ

जिनसे हर दौर में कायम था बुज़ुर्गों का लिहाज़
वो रवादारियाँ अब मेरे घराने में कहाँ

कश्तियाँ कैसे किनारों पे डूब जाती हैं
ये दर्द कोई समन्दर नहीं समझता है
मैं तुझे दोस्त कहूँ भी तो भला कैसे कहूँ
तू मुझे अपने बराबर नहीं समझता है

कोई निस्बत मुझे तुझसे न तेरे नाम से थी
कुछ नमी सी मगर आँखों में सरे–शाम से थी

घर से हम निकले तो घर दूर तलक साथ आया
अपनी वाबस्तगी कुछ ऐसी दरो–बाम से थी

तुमसे अब इश्क़ हुआ है तो ख़ुदा ख़ैर करे
वरना अब तक तो मेरी ज़िन्दगी आराम से थी

ऐ शबे–मर्ग वो जिस शाम हुआ था रुख़सत
कुछ तबीयत मेरी नासाज़ उसी शाम से थी

चाँद कह के मुझे अब कोई बुलाता ही नहीं
क्या कहूँ कितनी मोहब्बत मुझे इस नाम से थी

तुम्हारा चूल्हा ठण्डा है तो हमसे आग ले जाओ
ये साझेदारियाँ होती हैं अब भी गाँव में मेरे
किसी का भी हो दुःख, पूरा मोहल्ला बाँट लेता है
गले मिल के छतें रोती हैं अब भी गाँव में मेरे

लौट जा

ऐ मुसाफ़िर भटकता है किसके लिए
तेरा कोई नहीं है यहाँ, लौट जा
जो तुझे जान ले, तुझको पहचान ले
वो ज़मीं है न वो आसमाँ, लौट जा

ढूँढ़ता फिर रहा तू जिन्हें दर–ब–दर
वो गये वक़्त के लोग थे बेख़बर
अब कहाँ से तुझे आएँगे वो नज़र
मिट गये उनके नामो–निशाँ, लौट जा

तेरे हमदर्द हमराज़ होते थे जो,
तेरे सुख–दुःख में हँसते थे रोते थे जो
आज ख़ामोश हैं वो गुलाबी शजर
वो परिंदे भी हैं बेजुबाँ, लौट जा

खुद–ब–खुद साज़ लहरों के बजने लगे
गीत माँझी के होंठों पे सजने लगे
देख तुझको बुलाते हैं किस नाज़ से
कश्तियों के खुले बादबाँ, लौट जा

समय–मछेरा बैठ किनारे देख ठहाका मार हँसे
हम आँटे की आस लगाये काँटे में सौ बार फँसे

रामसमुझ

बड़ी घुटन है मन कुटिया में साँकल खोलो रामसमुझ
कब तक यूँ ख़ामोश रहोगे, कुछ तो बोलो रामसमुझ

आँखें गाड़े रहने से अम्बर में छेद नहीं होता
बरखा जब होनी है होगी, जाओ सो लो रामसमुझ

चाँद–परी के क़िस्सों से बच्चों की भूख नहीं मिटती
शायद बाक़ी हों कुछ दाने, डेहरी खोलो रामसमुझ

कुछ दिन माथा न टेको, तो बड़े लोग चिढ़ जाते हैं
ठाकुर साहब की चौखट पर, जाओ हो लो रामसमुझ

तन की आग जली कुछ ऐसे, मन की नदिया सूख गयी
भस्म हुई जाती हैं आँखें, थोड़ा रो लो रामसमुझ

जितनी शर्तें लगायी थीं तुमने
एक–एक शर्त पूरी कर चुका हूँ
मुझे ले जाओ, दफ़ना दो कहीं पर
तुम्हें दिखता नहीं मैं मर चुका हूँ

दीवाली

"जितनी गलियाँ हैं शहर में मेरे,
आज सारी सजा के रख दी हैं
राम रस्ता न भूल जायें कहीं,
मैंने आँखें जला के रख दी हैं"

तेरे जाने का तो सदमा नहीं है
मगर बरसों से दिल धड़का नहीं है

यही सीखा है मैंने ज़िन्दगी से
बिछड़ के फिर कोई मिलता नहीं है

मेरे दिल में चिराग़ाँ कौन करता
अब इस घर में कोई रहता नहीं है

वो मेरे आँसुओं पे हँस रहा है
मुहब्बत में तो ये होता नहीं है

सरकता ही नहीं खिड़की का पर्दा
वो दरवाज़ा भी अब खुलता नहीं है

इसी दुनिया में रहता हूँ मैं लेकिन
मेरे सपनों की ये दुनिया नहीं है

मैं रोता हूँ मेरे शेरों में छुप कर
मेरी आँखों में अब दरिया नहीं है

तू बाँहों में नहीं यादों में तो है
घड़ी भर को भी दिल तनहा नहीं है

मुसाफ़िर हूँ, गुज़र जाऊँगा इक दिन
मुझे इस दुनिया में रहना नहीं है

मुझे सब दे दे या फिर सब तू रख ले
मेरी फ़ितरत में समझौता नहीं है

वही चेहरा नज़र को दे खुदाया
हमें कोई दूसरा जँचता नहीं है

हज़ारों होंगे मुझसे बढ़ के लेकिन
ज़माने में कोई मुझसा नहीं है

दीवारें ही दीवारें दिख रही हैं
तअज्जुब है कहीं साया नहीं है

अपनी दो–रोज़ा मोहब्बत का असर देख तो लो
कितने सूने हैं मेरे शामों–सहर देख तो लो
ये ज़रूरी नहीं तुम इसमें सितारे भर दो
मेरे दामन की तरफ़ एक नज़र देख तो लो

एक–इक कंकर से रिश्ता हो गया
मैं तेरी गलियों में ऐसा खो गया

ज़िन्दगी के उस तरफ़ क्या शह्र होगा
लौट कर वापस न आया जो गया

एक–इक सपने से रिसता है लहू
कौन आँखों में ये नश्तर बो गया

ख़ूब मीठी नींद आयी कल मुझे
रो रहा था रोते–रोते सो गया

वक़्त अच्छा है तो मख़मल पे क़दम रखते हैं
वरना अंगारों पे चलने का भी दम रखते हैं

इक तुम ही नहीं मेरे ख़रीदार बहुत हैं
बिकने पे अगर आऊँ तो बाज़ार बहुत हैं

सन्तों की सदा हूँ मैं, मुझे आँखों से सुनिए
पढ़ने के लिए दुनिया में अख़बार बहुत हैं

ये कैसी हवा मेरे क़बीले में चली है
ख़ादिम नहीं कोई यहाँ सरदार बहुत हैं

निगाहें अब किसी जलवे को बेक़रार नहीं
बहुत दिनों से मुझे तेरा इंतज़ार नहीं
हमारे इश्क़ में तहज़ीब है शराफ़त है
वो और होंगे जिन्हें खुद पे इख़्तियार नहीं

मेरे चेहरे पे लिखी अर्ज़ी समझ लेता है
बिना कहे वो मेरी मर्ज़ी समझ लेता है

मैं उससे प्यार का रिश्ता भी किस तरह रखूँ
वो मेरे प्यार को ख़ुदगर्ज़ी समझ लेता है

मैं दिल निकाल के रख देता हूँ उसके आगे
ये काग़ज़ात भी वो फ़र्ज़ी समझ लेता है

न दिन है न रात है
कोई तनहा है न साथ है
जैसी आँखें वैसी दुनिया
बस इतनी–सी बात है

काश

कभी दिल निसार करता कभी जाँ निसार करता
तुम प्यार करने देतीं, तो मैं कितना प्यार करता

कभी बादलों पे जा के आवाज़ देता तुमको
कभी बाजुओं में यूँ ही मैं भींच लेता तुमको
किसी दिन तुम्हारी शामें हो जातीं गर अकेली
तुम्हें आके मैं सुनाता ग़ज़लें नयी–नवेली

सौ क़िस्से छेड़ता मैं, बातें हज़ार करता
तुम प्यार करने देतीं, तो मैं कितना प्यार करता!

तुम जानती हो मुझको, है अजीब मेरी आदत
मैं हदों–वदों को मानूँ ये कहाँ है मेरी फ़ितरत
जो किया न हो किसी ने मैं कर गुज़रता वो भी
तुम वादा करके मुझसे कभी भूल जातीं तो भी

कई जन्मों तक तुम्हारा मैं इन्तज़ार करता
तुम प्यार करने देतीं, तो मैं कितना प्यार करता!

नवम्बर की बारिश

ये वो मौसम है जिसमें धूप खिलती थी दालानो में,
मगर हम सरफिरी बरसात के आज़ाब सहते हैं
ज़रा बेवक़्त के बादल मुझे इतना बता दे तू,
ये 'बारिश' है अगर तो 'बदतमीज़ी' किसको कहते हैं ?

दुनिया जिन पर हँसती है
वो सब काम हैं मेरे ही
शायर कह लो या पागल
दोनों नाम हैं मेरे ही

मुझे किसी से प्यार नहीं है, आँखें मगर सवाली हैं
कुछ दिन से लगता है जैसे, शामें ख़ाली–ख़ाली हैं

गिन के बता सकता हूँ, कितने पत्थर पाँव में चुभते हैं
उसके शह्‌र की सारी गलियाँ मेरी देखी–भाली हैं

अश्कों का सैलाब बदन की दीवारें भी तोड़ गया
बड़े जतन से तेरी यादें मैंने आज सम्हाली हैं

आगे इक अंजान सफर है, लम्बी सूनी राहों का
मेरे गाँव की गलियाँ मुझसे, आज बिछड़ने वाली हैं

चन्द लम्हों का तेरा साथ था फूलों जैसा
उम्र भर की ये रफ़ाक़त तो सज़ा लगती है
देख लेना वो भी औरों की तरह निकलेगा
जिसकी हर बात ज़माने से जुदा लगती है

क्या अपना मिलना ज़रूरी था

मैंने सोचा है दो–चार दफ़ा
क्या अपना मिलना ज़रूरी था
जिस दिल में शाम थी चार पहर
वहाँ धूप का खिलना ज़रूरी था ?

आँखों के सूने दरख़्तों पर
क्यूँ बैठे परिन्दे ख़्वाबों के
जो शाख़ थी गुमसम बरसों से
क्या उसका हिलना ज़रूरी था

मैंने सोचा है दो–चार दफ़ा
क्या अपना मिलना ज़रूरी था !

कुछ अकेले शेर और क़तआत

लपक के जलते थे बिल्कुल शरारे जैसे थे
नये–नये थे तो हम भी तुम्हारे जैसे थे

x x x

दो सवालों में छुपे हैं जीत के मन्तर सब
मैं नहीं तो कौन, आज नहीं तो कब

x x x

ख़ुदा, कहाँ है ख़ुदा सबको बेक़रारी है
सुराग़ तक न मिला पर तलाश जारी है
उसे समझने की कोशिश जो है समझ से परे
मैं नासमझ ही सही गर ये समझदारी है

x x x

बाज़ियाँ ताश की यारों ने जहाँ खेली हैं
सुन रहा हूँ वो छतें आजकल अकेली हैं
ऐ वतन मेरे बता साँस भरूँ मैं कैसे
मेरे हिस्से की हवाएँ तो तूने ले ली हैं

x x x

बदतमीज़ी नहीं तो ये क्या है
जो ज़ुबानों के साथ करते हो
उर्दू मुस्लिम है हिन्दी हिन्दू है
जाहिलों वाली बात करते हो

x x x

कोई ख़्वाब है जो नींदों के छू जाने से छिलता है
रोज़ सवेरे मुझको अपना तकिया गीला मिलता है

x x x

सुबह होगी या फिर नहीं होगी
रात का जाने क्या इरादा है
याद तुम रोज़ आते हो लेकिन
आज सीने में दर्द ज़्यादा है

x x x

आज गिरा मैं जहाँ, खड़ा पाओगे कल तुम मुझे वहीं
बन्द करो ये मातम मेरी 'मात' हुई है 'मौत' नहीं

x x x

धुले उजले लिबासों से कभी कुछ कम न पहनेंगे
कफ़न में दाग़ निकला तो कफ़न भी हम न पहनेंगे

बिना कपड़ों के मर जाना हमें मंज़ूर है लेकिन
सियासत, हम तेरे ये रेशमी परचम न पहनेंगे

x x x

यूँ तू–तड़ाक न कर, मैं जी–हुज़ूर हूँ
नीलाम हो रहा हूँ मगर कोहिनूर हूँ

x x x

तुम्हारे साथ बहुत दूर तक चलूँगा नहीं
मैं बुझने वाला हूँ अब देर तक जलूँगा नहीं
तुम्हारी आँख का आँसू हूँ, रोक लो मुझको
मैं एक बार जो बिछड़ा तो फिर मिलूँगा नहीं

x x x

भूल जाते हैं अपना–बेगाना,
दर्द के दिन अजीब होते हैं
जो भी मिल जाये राह चलते हुए
हम उसी से लिपट के रोते हैं

x x x

इतर कोई तो था जो माँ के होंठों से छलकता था
वो माथा चूम लेती थी बदन पूरा महकता था

x x x

ख़यालों की ज़ुबाँ लफ़्ज़ों की नस्लें कौन समझेगा
मोहब्बत तुम समझते हो तो ग़ज़लें कौन समझेगा

x x x

कौन सूरज की तरह निकलेगा, मैं निकलूँगा
कौन दरिया की तरह मचलेगा, मैं मचलूँगा
वो ख़रीदार हूँ मैं जिसकी जेब ख़ाली है
कौन बाज़ार का रुख़ बदलेगा, मैं बदलूँगा

x x x

आसमान पर आँख लगाये क्यूँ बैठा है यारा
तेरे अन्दर ही चमकेगा इक दिन तेरा तारा

x x x

तमाम शह्र शराफ़त का जब मरीज़ हुआ
तो जान–बूझ के यारों मैं बदतमीज़ हुआ

x x x

मैंने हज़ारों शेर कहे नज़्में सैकड़ों
अब अपनी हैसियत भी समझना ज़रूरी है
काग़ज़ क़लम स्याही ख़तम लफ़्ज़ भी ख़तम
पर दास्ताने इश्क़ अभी तक अधूरी है

x x x

ढलते सूरज की तरह हम भी अब उतार पे हैं
फूल हम भी हैं मगर मुंतशिर मज़ार पे हैं
हम हैं इस दौर के ग़ालिब हमें सलाम करो
शेर वैसे न सही जीते तो उधार पे हैं

x x x

सारे मौसम अल्ला के, उसके ही दिन रात
वो हँस दे तो धूप है, रो दे तो बरसात

x x x

मैं अपनी गलियों से बिछड़ा मुझे ये रंज रहता है
मेरे अन्दर मेरे बचपन का गौरीगंज रहता है

x x x

माँ नहीं थी पास फिर भी दर्द कम होता रहा
मैं तिरंगे से लिपट के देर तक रोता रहा

x x x

ज़रा सी आरज़ू है पूरी कर देना जो कर पाना
मैं जिस मिट्टी से उट्ठा था उसी मिट्टी में दफ़नाना

x x x

बिगड़ा जो वक़्त मेरा तो कितना बिगड़ गया
उतना बसा नहीं था मैं जितना उजड़ गया

टूटा तो ऐसा टूटा कि आँखें लहू हुईं
वो ख़्वाब मैं जिसके लिए दुनिया से लड़ गया

x x x

यहाँ पे कौन है जो हैसियत में हमसे ज़्यादा है
हमारे चीथड़ों का मोल भी रेशम से ज़्यादा है

x x x

माफ़ करें नादानी मेरी, मैं मूरख पढ़े–लिखैय्यों में
मुझे फ़रक मालूम नहीं है लड्डू और सिवैयों में

x x x

थक चुका था वो ज़मीं से, बादलों के घर गया
ये कहानी बस यहीं तक, मुंतशिर तो मर गया

x x x

इससे आगे लिखा नहीं हूँ मैं,
बस यहीं मुझको ठहरना होगा
अब कहानी का ये तक़ाज़ा है,
मेरे किरदार को मरना होगा

x x x

इन्हीं होंठों पे हँसने दे इन्हीं आँखों से बहने दे
मेरे मौला इसी आबो हवा में मुझको रहने दे

x x x

पल भर को नज़र में ठहरूँगा फिर सदियों तक नायाब हूँ मैं
मेरा नाम पता क्या पूछते हो, इनसान नहीं हूँ ख़्वाब हूँ मैं

x x x

अम्बर की हवाख़ोरियाँ सब भूल जायेगा,
ये चाँद उतर के जो मेरे कोठों तक आये
प्यासा हुआ तो क्या हुआ खुद्दार बहुत हूँ
दरिया से कहो चल के मेरे होंठों तक आये

x x x

उसके लिए न दिन गुज़रे,
न समय सुनहरा बीता है
जो अपने बच्चे में छुप कर,
अपना बचपन जीता है

x x x

उस बात पे न जाइए जो मैंने कही है
जो मैंने नहीं बोला मेरा सच तो वही है

x x x

स्याही से क्या लिखोगे तुम इस दौरे अलम में
छाती में लहू जितना है भर लाओ क़लम में

x x x

बयान सच के तराजू में तोलता हूँ मैं
तेरी खुशी के लिए थोड़ी बोलता हूँ मैं

x x x

घुटन भरे हुए कमरों में कुछ हवा आये
मैं सेंध मार के दीवारें तोड़ देता हूँ
लुटेरा हूँ या नयी सोच का मसीहा हूँ
मुझे तू जो भी कहे, तुझपे छोड़ देता हूँ

x x x

खटकती हैं तुझे सच–गोईयाँ बेबाकियाँ मेरी
मगर मुझको बहुत प्यारी हैं ये गुस्ताख़ियाँ मेरी

x x x

है ख़ून में शराफ़त जीता हूँ सादगी से
इज़्ज़त तो सबकी करता हूँ डरता नहीं किसी से

x x x

वो जिसे सुन कर खुशी से रो पड़ें आँखें तेरी
आसमानों से कभी ऐसी ख़बर भी आयेगी
आज तेरी मुट्ठियों में रेत है तो क्या हुआ
इस समन्दर में कभी तेरी लहर भी आयेगी

x x x

मैंने लहू के क़तरे मिट्टी में बोये हैं
खुशबू जहाँ भी है वो मेरी क़र्ज़दार है
ऐ वक़्त होगा इक दिन तेरा–मेरा हिसाब
मेरी जीत जाने कब से तुझ पे उधार है

x x x

किसका डर है क्यूँ बेक़रार हो तुम
आग हो बर्क़ हो शरार हो तुम
जिसमें खिलते हैं अज़मतों के फूल
उसी मिट्टी की पैदावार हो तुम

x x x

कहीं दीवारों के चर्चे कहीं मीनारों के
कभी तारीफ़ के जुमले इधर नहीं आते
हम तो बुनियाद के पत्थर हैं कई सदियों से
और बुनियाद के पत्थर नज़र नहीं आते

x x x

टूटे–फूटे हुए लफ़्ज़ों में कुछ लिखा हमने
बने वो नग़मे तभी जब तुम्हें पसन्द हुए
हमारा क़द तो कभी इतना बड़ा था ही नहीं
तुम्हारे कन्धों पे बैठे तो हम बुलन्द हुए

x x x

हाथ फैला कर अगर जीना पड़े, रिश्ते सारे ज़िन्दगी से तोड़ लें
गर हवाएँ भी मिलें ख़ैरात में, ब–खुदा हम साँस लेना छोड़ दें

x x x

माना नहीं ख़ुदा को बग़ावत भी नहीं की
सजदा नहीं किया तो शिकायत भी नहीं की

x x x

नाम था इक, रख लिया था बस यूँ ही
क्या ये सारी ज़िन्दगी ढोना पड़ेगा?
और कितना टूटना बाक़ी बचा है,
और कितना मुंतशिर होना पड़ेगा?

सीने में था जो भी लहू लफ़्जों में सारा भर दिया
हमसे जितना हो सका उतना तो हमने कर दिया

❑❑